SV

Band 1141 der Bibliothek Suhrkamp

Cees Nooteboom

Die folgende Geschichte

Aus dem Niederländischen
von Helga van Beuningen

Suhrkamp Verlag

Titel der Originalausgabe:
Het volgende verhaal

Erste Auflage 1994

Druck: Nomos Verlagsgesellschaft, Baden-Baden
Printed in Germany

Die folgende Geschichte

Scham sträubt sich dagegen,
metaphysische Intentionen unmittelbar
auszudrücken;
wagte man es, so wäre man
dem jubelnden
Mißverständnis preisgegeben.

Th. W. Adorno,
Noten zur Literatur II,
Zur Schlußszene des Faust

I

Meine eigene Person hat mich nie sonderlich interessiert, doch das hieß nicht, daß ich auf Wunsch einfach hätte aufhören können, über mich nachzudenken – leider nicht. Und an jenem Morgen hatte ich etwas zum Nachdenken, soviel ist sicher. Ein anderer würde es vielleicht als eine Sache von Leben und Tod bezeichnen, doch derlei große Worte kommen mir nicht über die Lippen, nicht einmal, wenn niemand zugegen ist, wie damals.

Ich war mit dem lächerlichen Gefühl wach geworden, ich sei vielleicht tot, doch ob ich nun wirklich tot war oder tot gewesen war, oder nichts von alledem, konnte ich zu diesem Zeitpunkt nicht feststellen. Der Tod, so hatte ich gelernt, war nichts, und wenn man tot war, auch das hatte ich gelernt, dann hörte jegliches Nachdenken auf. Das also traf nicht zu, denn sie waren noch da, Überlegungen, Gedanken, Erinnerungen. Und ich war noch da, wenig später sollte sich sogar herausstellen, daß ich gehen konnte, sehen, essen (den süßen Geschmack dieser aus Muttermilch und Honig zubereiteten Teigklöße, die die Portugiesen zum Frühstück essen, hatte ich noch Stunden danach im Mund). Ich konnte sogar mit richtigem Geld bezahlen. Und dieser Umstand war für mich der überzeugendste. Man wacht in einem Zimmer auf, in dem man nicht eingeschlafen ist, die eigene Brieftasche liegt, wie sich das gehört, auf einem Stuhl neben dem Bett. Daß ich in Portugal war, wußte ich bereits, wenngleich ich am Abend zuvor wie üblich in Amsterdam zu Bett gegangen war, aber daß sich portugiesisches Geld in meiner Brieftasche befinden würde, das hätte ich nicht erwartet. Das Zimmer selbst hatte ich auf Anhieb erkannt. Hier hatte sich schließlich eine der bedeutsamsten Episoden meines Lebens abgespielt, sofern in meinem Leben von derlei überhaupt die Rede sein konnte.

Doch ich schweife ab. Aus meiner Zeit als Lehrer weiß ich, daß man alles mindestens zweimal erzählen muß und damit die Möglichkeit eröffnen, daß Ordnung sich einstellt, wo Chaos zu herrschen scheint. Ich kehre also zur ersten Stunde jenes Morgens zurück, dem Augenblick, in dem ich die Augen, die ich demnach noch besaß, aufschlug. »Wir werden spüren, wie es durch die Ritzen des Kausalgebäudes zieht«, hat jemand gesagt. Nun, an jenem Morgen zog es bei mir ganz gehörig, auch wenn mein Blick als erstes auf eine Decke mit mehreren äußerst stabilen, parallel zueinander verlaufenden Balken fiel, eine

Konstruktion, die durch ihre funktionale Klarheit den Eindruck von Ruhe und Sicherheit erweckt, etwas, was jedes menschliche Wesen, und mag es noch so ausgeglichen sein, braucht, wenn es aus dem dunklen Reich des Schlafes zurückkehrt. Funktional waren diese Balken, weil sie mit ihrer Kraft das darüber liegende Stockwerk stützten, und klar war die Konstruktion wegen der völlig gleichbleibenden Abstände zwischen den Balken. Das hätte mich folglich beruhigen müssen, doch davon war keine Rede. Zum einen waren es nicht meine Balken, und zum anderen war von oben jenes für mich, in diesem Zimmer, so schmerzliche Geräusch menschlicher Lust zu hören. Es gab nur zwei Möglichkeiten: entweder war es nicht mein Zimmer, oder es war nicht ich, und in diesem Fall waren es auch nicht meine Augen und Ohren, denn diese Balken waren nicht nur schmaler als die meines Schlafzimmers an der Keizersgracht, sondern dort wohnte auch niemand über mir, der mich mit seiner – oder ihrer – unsichtbaren Leidenschaft belästigen konnte. Ich blieb ganz still liegen, und sei es nur, um mich an den Gedanken zu gewöhnen, meine Augen seien möglicherweise nicht meine Augen, was natürlich eine umständliche Art und Weise ist, zu sagen, daß ich totenstill dalag, weil ich tödliche Angst hatte, ich sei jemand anders. Dies ist das erste Mal, daß ich es zu erzählen versuche, und es fällt mir nicht leicht. Ich wagte nicht, mich zu bewegen, denn wenn ich jemand anders war, dann wußte ich nicht, wie das vor sich gehen sollte. So ungefähr. Meine Augen, so nannte ich sie fürs erste weiter, sahen die Balken, die nicht meine Balken waren, und meine Ohren oder die jenes möglichen anderen hörten, wie das erotische Crescendo über mir mit der Sirene eines Krankenwagens draußen verschmolz, der auch nicht die richtigen Töne von sich gab.

Ich befühlte meine Augen und merkte, daß ich sie dabei schloß. Die eigenen Augen wirklich befühlen ist nicht möglich, man schiebt immer erst den Schutz davor, der dafür gedacht ist, nur: dann kann man natürlich nicht die Hand sehen, die diese verschleierten Augen befühlt. Kugeln, das fühlte ich. Wenn man sich traut, kann man sogar vorsichtig hineinkneifen. Ich schäme mich, zugeben zu müssen, daß ich nach all den vielen Jahren, die ich auf der Welt bin, noch immer nicht weiß, woraus ein Auge eigentlich besteht. Hornhaut, Netzhaut sowie Iris und Linse, aus denen in jedem Kryptogramm eine Blume und eine Hülsenfrucht wird, die kannte ich, aber das eigentliche Zeug, diese zähe Masse aus erstarrtem Gelee, die hat mir immer Angst eingejagt. Ich wurde unweigerlich ausgelacht, wenn ich von Gelee sprach, und doch sagt der Herzog von Cornwall, als er in *King Lear* dem Grafen von Gloucester die Augen ausreißt: *out! vile jelly!*, und genau daran mußte ich denken, als ich in diese nichtssehenden Kugeln kniff, die meine Augen waren oder nicht waren.

Lange Zeit blieb ich so liegen und versuchte, mich an den vergangenen Abend zu erinnern. Es ist nichts Aufregendes an den Abenden eines Junggesellen, wie ich einer bin, sofern ich zumindest derjenige war, um den es hier ging. Manchmal sieht man das, einen Hund, der sich in den eigenen Schwanz zu beißen versucht. Dann entsteht eine Art hündischer Wirbelwind, der erst aufhört, wenn aus diesem Sturm der Hund als Hund hervortritt. Leere, das ist es, was man dann in diesen Hundeaugen sieht, und Leere war es, was ich in jenem fremden Bett empfand. Denn angenommen, daß ich nicht ich war und folglich jemand anders (niemand zu sein, dachte ich, würde zu weit gehen), dann würde ich bei den Erinnerungen jenes anderen doch denken müssen, daß es *meine* Erinnerungen seien, schließlich sagt jeder »meine« Erinnerungen, wenn er seine Erinnerungen meint.

Selbstbeherrschung habe ich leider immer besessen, sonst hätte ich vielleicht geschrien, und wer dieser andere auch war, er verfügte über dieselbe

Eigenschaft und verhielt sich still. Kurz und gut, derjenige, der da lag, beschloß, sich nicht um seine oder meine Spekulationen zu kümmern, sondern sich an die Arbeit des Erinnerns zu machen, und da er, wer immer er auch war, ich zu sich selbst sagte in jenem Lissabonner Zimmer, das ich natürlich verdammt gut wiedererkannte, erinnerte ich mich an folgendes, den Abend eines Junggesellen in Amsterdam, der sich etwas zu essen macht, was in meinem Fall auf das Öffnen einer Dose weißer Bohnen hinausläuft. »Am liebsten würdest du sie auch noch kalt aus der Dose essen«, hat eine alte Freundin einmal gesagt, und da ist etwas dran. Der Geschmack ist unvergleichlich. Nun muß ich natürlich alles Mögliche erklären, was ich tue und was ich bin, doch damit warten wir vielleicht noch etwas. Nur soviel – ich bin Altphilologe, ehemaliger Studienrat für alte Sprachen, oder, wie meine Schüler es ausdrückten, alter Studienrat für Sprachen. Dreißig oder so muß ich damals gewesen sein. Meine Wohnung ist voll von Büchern, die mir erlauben, zwischen ihnen zu leben. Das ist also die Kulisse, und der Hauptdarsteller gestern abend war: ein ziemlich kleiner Mann mit rötlichem Haar, das jetzt weiß zu werden droht, zumindest wenn es die Chance dazu noch bekommt. Ich benehme mich anscheinend wie ein englischer Stubengelehrter aus dem vorigen Jahrhundert, ich wohne in einem alten Chesterfield, auf dem ein uralter Perser liegt, damit man die hervorquellenden Eingeweide nicht zu sehen braucht, und lese unter einer hohen Stehlampe direkt vorm Fenster. Ich lese immer. Meine Nachbarn auf der gegenüberliegenden Seite der Gracht haben mal gesagt, sie seien immer froh, wenn ich wieder im Lande sei, weil sie mich als eine Art Leuchtturm betrachten. Die Frau hat mir sogar anvertraut, daß sie manchmal mit einem Fernglas zu mir hinüberschaut. »Wenn ich dann nach einer Stunde wieder schaue, sitzen Sie noch genauso da, manchmal denke ich, Sie sind tot.«

»Was Sie als Tod bezeichnen, ist in Wirklichkeit Konzentration, gnädige Frau«, sagte ich, denn ich bin ein Meister im abrupten Beenden unerwünschter Unterhaltungen. Doch sie wollte wissen, was ich so alles läse. Das sind wunderbare Momente, denn dieses Gespräch fand in unserer Eckkneipe *De Klepel* statt, und ich habe eine kräftige, manche sagen sogar aggressive Stimme. »Gestern abend, gnädige Frau, las ich die *Charaktere* von Theophrast und danach noch ein wenig in den *Dionysiaka* von Nonnos.« Für einen Augenblick wird es dann still in einer solchen Kneipe, und man läßt mich künftig in Frieden.

Doch jetzt geht es um ein anderes Gesternabend. Ich war, von fünf Genevern beflügelt, nach Hause geschwebt und hatte meine drei Dosen geöffnet: Campbell's Mock Turtle, Heinz' weiße Bohnen in Tomatensoße und Heinz' Frankfurter. Das Gefühl beim Dosenöffnen, das leise »Tok«, wenn man den Öffner ins Blech drückt und schon etwas vom Inhalt riechen kann, und dann das Schneiden selbst entlang dem runden Rand und das unbeschreibliche Geräusch, das dazugehört – es ist eine der sinnlichsten Erfahrungen, die ich kenne, wenngleich das in meinem Fall natürlich nicht viel besagen will. Ich esse auf einem Küchenstuhl am Küchentisch, gegenüber der Reproduktion eines Bildes, das Prithinos im sechsten Jahrhundert vor Christus (der so anmaßend war, auch die Jahrhunderte *vor* sich in Beschlag zu nehmen) auf den Boden einer Schale gemalt hat, Peleus im Kampf mit Thetis. Ich habe stets eine Schwäche für die Nereide Thetis gehabt, nicht nur, weil sie die Mutter von Achilles war, sondern vor allem, weil sie als Kind der Götter den sterblichen Peleus nicht heiraten wollte. Recht hatte sie. Wenn man selbst unsterblich ist, muß der Gestank, der sterbliche Wesen umgibt, unerträglich sein. Sie versuchte alles mögliche, um diesem künftig Toten zu entrinnen, verwandelte sich nacheinander in Feuer, Wasser, einen Löwen und eine Schlange. Das ist der Unterschied zwischen Göttern und Menschen. Götter können sich selbst verwandeln, Menschen können nur verwandelt werden. Ich liebe meine Schale, die beiden Kämpfenden sehen sich nicht an, man sieht von beiden nur ein Auge, ein quergestelltes Loch, das nirgendwohin gerichtet zu sein scheint. Der wütende Löwe steht neben ihrer aberwitzig langen Hand, die Schlange windet sich um Peleus' Knöchel, und gleichzeitig scheint alles stillzustehen, es ist ein totenstiller Kampf. Ich betrachte ihn die ganze Zeit, während ich esse, denn ich erlaube mir nicht, beim Essen zu lesen. Und ich genieße, auch wenn niemand das glaubt. Katzen essen auch jeden Tag das gleiche, ebenso die Löwen im Zoo, und ich habe noch nie eine Beschwerde von ihnen gehört. Piccalilli auf die Bohnen, Mostert auf die Frankfurter – apropos, das erinnert mich daran, daß ich Mussert* heiße. Herman Mussert. Nicht schön, Mostert wäre mir lieber gewesen, aber das läßt sich nicht ändern. Und meine Stimme ist laut genug, jedes blöde Gelächter im Keim zu ersticken.

Nach meinem Mahl habe ich abgewaschen und mich dann mit einer Tasse Nescafé in den Sessel gesetzt. Lampe an, jetzt finden die Nachbarn ihren Heimathafen wieder. Erst habe ich ein wenig Tacitus gelesen, um den Genever kleinzukriegen. Das klappt immer, darauf kann man Gift nehmen. Eine Sprache wie polierter Marmor, das vertreibt die bösen Dünste. Danach habe ich etwas über Java gelesen, denn seit meiner Entlassung aus dem Schuldienst schreibe ich Reiseführer, eine schwachsinnige Tätigkeit, mit der ich mein Brot verdiene, aber längst nicht so stupide wie all diese sogenannten literarischen Reiseschriftsteller, die ihre kostbare Seele unbedingt über die Landschaften der ganzen Welt ergießen müssen, um brave Bürger in sprachloses Erstaunen zu versetzen. Als nächstes las ich das *Handelsblad*, in dem genau eine Sache stand, die sich auszuschneiden und mit ins Bett zu nehmen lohnte, und das war ein Foto. Der Rest war niederländische Politik, und man muß schon an Hirnerweichung leiden, um sich damit zu befassen. Dann noch einen Artikel über die Schuldenlast – die habe ich selbst – und über Korruption in der Dritten Welt, doch das hatte ich gerade viel besser bei Tacitus gelesen, bitte sehr: Buch II, Kapitel LXXXVI, über Primus Antonius (*tempore Neronis falsi damnatus*). Heutzutage kann niemand mehr schreiben, ich auch nicht, aber ich will es auch nicht, wenngleich jeder vierte Niederländer einen Reiseführer von Dr. Strabo (Mussert fand der Verleger unmöglich) im Haus hat. »Nachdem wir den schönen Garten des Saihoji-Tempels verlassen haben, kehren wir zu unserem Ausgangspunkt zurück ...« In dem Stil, und dann noch zum größten Teil abgeschrieben, wie alle Kochbücher und Reiseführer. Der Mensch muß leben, aber wenn ich nächstes Jahr meine Pension bekomme, ist Schluß damit, dann arbeite ich an meiner Ovid-Übersetzung weiter. »Und von Achill, einst so groß, bleibt nur eine karge Handvoll«, so weit war ich gestern abend gekommen. *Metamorphosen*, Buch XII, um genau zu sein, und dann wurden meine Augenlider schwer. Das Versmaß stimmte nicht, und nie, das war mir klar, nie würde ich die geschliffene Einfachheit von *»et de tam magno restat Achille nescio quid parvum, quod non bene compleat urnam«* erreichen, gerade genug, um eine Urne zu füllen ... Nie wird es wieder eine Sprache wie Latein geben, nie mehr werden Präzision und Schönheit und Ausdruck eine solche Einheit bilden. Unsere Sprachen haben allesamt zu viele Wörter, man sehe sich nur die zweisprachigen Ausgaben an, links die wenigen, gemessenen Worte, die gemeißelten Zeilen, rechts die volle Seite, der Verkehrsstau, das Wortgedränge, das unübersichtliche Gebrabbel. Niemand wird meine Übersetzung je sehen, wenn ich ein Grab bekäme, nähme ich sie mit. Ich will nicht zu den anderen Pfuschern gehören.

Ich zog mich aus und ging zu Bett und nahm das Foto mit, das ich aus dem *Handelsblad* ausgeschnitten hatte, um einfach ein wenig darüber nachzudenken. Es war nicht von einem Menschen gemacht worden, dieses Foto, sondern von einem Ding, einem Raumfahrzeug, dem Voyager, aus sechs Milliarden Kilometer Entfernung von der Erde, von der er kam. So etwas sagt mir an sich nicht so viel, meine Vergänglichkeit nimmt schließlich nicht in dem Maße zu, in dem ich winziger werde. Aber ich hatte ein besonderes Verhältnis zu diesem Reisenden, weil ich das Gefühl hatte, ich sei selbst mit ihm unterwegs gewesen. Wer will, kann das in Dr. Strabo's Reiseführer für Nordamerika nachschlagen, wenngleich sich meine kitschige Rührung an jenem Tag darin natürlich nicht findet, ich werde mich hüten. Ich hatte das Smithsonian Institute in Washington besucht, da der Verleger gesagt hatte, Jugendliche würden sich dafür interessieren. Allein schon das Wort Jugendliche stößt mir unangenehm auf, aber ich bin gehorsam. Technik sagt mir nicht viel, das ist eine stetige Erweiterung des Körpers mit unvorhersehbaren Konsequenzen, man findet wahrscheinlich erst dann etwas daran, wenn man selbst schon stellenweise aus Aluminium und Plastik besteht und nicht mehr unbedingt an den freien Willen glaubt. Doch manche Apparate

haben ihre eigene Schönheit, wenngleich ich das nie öffentlich zugeben würde, und so spazierte ich also doch recht zufrieden zwischen den aufgehängten kleinen Flugzeugen aus der modernen Vorgeschichte und den versengten Raumkapseln umher, die den Beginn unseres Mutantentums so überzeugend demonstrieren. Natürlich ist der Raum unsere Bestimmung, das weiß ich auch, schließlich lebe ich da. Doch die Aufregung großer Reisen werde ich nicht mehr erleben, ich bin derjenige, der weinend am Amsterdamer Schreierstoren* zurückbleibt, einer von früher, aus der Zeit vor Armstrongs großem, geriffeltem Fußabdruck auf der Haut des Mondes.
Den bekam ich an jenem Nachmittag auch noch zu sehen, denn ohne groß nachzudenken war ich in eine Art Theater gegangen, in dem Filme über Raumfahrt gezeigt wurden. Ich landete in einem jener amerikanischen Sessel, die sich wie eine Gebärmutter um einen schmiegen, und trat meine Reise durch den Raum an, und fast im selben Augenblick schossen mir die Tränen in die Augen. Darüber fand sich später kein Wort bei Dr. Strabo. Ergriffenheit sollte durch Kunst ausgelöst werden, und hier wurde ich mit der Wirklichkeit betrogen, irgendein technischer Hochstapler hatte es mit Hilfe optischer Tricks geschafft, daß der Mondstaub zu unseren Füßen lag, als stün-

den wir selbst auf dem Mond und könnten auf ihm herumspazieren. In der Ferne schien (!) die unwirkliche Erde, auf dieser dünnen, versilberten, schwebenden Scheibe konnten unmöglich ein Homer oder ein Ovid vom Schicksal der Götter und Menschen berichtet haben. Ich roch den toten Staub zu meinen Füßen, ich sah die Wölkchen Mondpulver, die aufwirbelten und sich wieder legten, meine Existenz wurde mir genommen, ohne daß ich eine andere an ihrer Statt erhielt. Ob es den menschlichen Wesen rings um mich auch so erging, weiß ich nicht. Es war totenstill, wir waren auf dem Mond und würden nie dorthin gelangen können, gleich würden wir im grellen Tageslicht hinaustreten auf eine Scheibe, so groß wie ein Gulden, ein sich bewegender Gegenstand, der irgendwo in den schwarzen Vorhängen des Raums hing und an nichts haftete. Doch es kam noch schlimmer. Ich verwalte – so empfinde ich es zumindest – die schönsten Texte, die die Welt hervorgebracht hat, aber ich habe noch nie eine einzige Träne über eine Zeile oder ein Bild vergießen können, genausowenig wie ich je über die Dinge weinen konnte, über die man gemeinhin weint. Bei mir fließen die Tränen ausschließlich bei Kitsch, wenn Er Sie zum ersten Mal in Technicolor erblickt, bei allem, was der Schmalzplebs erdacht hat, und der entsprechenden Musik, pervertierter Honig, dazu bestimmt, der Seele keinerlei Ausweg zu gönnen, die Idee der Musik gegen sich selbst gewendet. Diese Musik ertönte jetzt, und natürlich zerfloß ich in Tränen. Churchill heulte, wie es heißt, bei allem, wahrscheinlich aber nicht, als er den Befehl zur Bombardierung Dresdens erteilte. Da schwebte der Voyager, eine unsinnige, von Menschenhand geschaffene Maschine, eine glänzende Spinne im leeren Raum, er flog dicht an den leblosen Planeten vorbei, auf denen es noch nie Trauer gegeben hat, es sei denn die Trauer von Felsen, die unter einer unerträglichen Schicht Eis leiden, und ich heulte. Der Reisende selbst entschwebte für alle Zeiten, machte hin und wieder »Bliep« und fotografierte all diese erkalteten oder glühenden, jedoch leblosen Kugeln, die zusammen mit der Kugel, auf der wir leben müssen, um eine glühende Gasblase kreisen, und die Lautsprecher, die im Dunkeln unsichtbar rings um uns standen, überschütteten uns mit der Musik, die verzweifelt versuchte, die Stille, die zu diesem einsamen metallenen Reisenden gehörte, zu verfälschen, und im selben Augenblick begann, erst noch halb mit der Musik verschmolzen, danach fast wie ein Soloinstrument, eine körperlose Stimme auf uns einzureden. In neunzigtausend Jahren, sagte die Stimme, werde der Reisende die Grenzen unseres

Milchstraßensystems erreicht haben. Die Stimme pausierte, die Musik schwoll an wie eine vergiftete Brandung und verstummte dann wieder, so daß die Stimme ihren tödlichen Schuß abfeuern konnte.

»And then, maybe, we will know the answer to those eternal questions.«
Die Humanoiden im Saal krochen in sich zusammen.
»Is there anyone out there?«
Um mich herum war es jetzt ebenso still wie in den leeren Straßen des Universums, durch die der Reisende, in irgendeinem kosmischen Licht aufglänzend, lautlos flog, erst im fünften seiner neunzigtausend Jahre. Neunzigtausend! Die Asche der Asche unserer Asche würde unsere Herkunft lange vor dieser Zeit verleugnet haben. Es hatte uns nie gegeben! Die Musik schwoll an, Eiter tropfte mir aus den Augen. Das waren vielleicht Metamorphosen! Die Stimme schoß zum letzten Mal.
»Are we all alone?«
Plötzlich wußte ich es. Diese Stimme besaß keine Kehle. Es war die Stimme, die bereits zu unserer Abwesenheit gehörte, so wie diese Musik die Leugnung all dessen war, was jemals in der Harmonielehre des Pythagoras ausgedrückt worden

war. Inmitten der anderen verließ ich den Saal, entrückt und erbärmlich zugleich. Im Spiegel des Toilettenraums betrachtete ich meine lächerlich roten Augen und wußte, daß ich nicht über meine Sterblichkeit geheult hatte, sondern über die Verfälschung, den Betrug. Wenn ich zu Hause gewesen wäre, hätte ich mit einem Madrigal von Gesualdo (einem Mörder, der die reinste Musik der Welt geschrieben hat) die Ordnung wiederhergestellt, doch hier mußte ich mich mit einem doppelten Bourbon begnügen. In der Ferne lag, erhaben und kolonial, das Weiße Haus, in dem zweifellos in diesem Moment etwas Schreckliches vorbereitet wurde.

Und jetzt, dieses unmögliche Wort, das uns immer den Teppich unter den Füßen wegzieht, lag ich in einem Zimmer in Lissabon, die Augen geschlossen, und dachte an jenes andere Jetzt vom Abend zuvor (wenn es der Abend zuvor gewesen war), an dem ich mit geöffneten Augen dagelegen und auf dieses Foto geschaut hatte. Sowohl der mechanische Reisende als auch ich waren inzwischen weitergereist, ich hatte meine dämlichen Reiseführer geschrieben, er hatte in einem fort Fotos gemacht, und jetzt hielt ich sechs davon, zu einem einzigen zusammengefügt, in der Hand. Venus, Erde, Jupiter, Saturn, Uranus, Neptun,

mir alle bestens bekannt aus Ovid, die nun zu mickrigen Lichtpünktchen auf grobkörnigen, fahlen, befleckten Leichenhemden metamorphosiert waren, die zweifellos den Raum darstellen sollten. »Voyager verläßt gerade das Sonnensystem«, stand darunter. Jawohl! Hinein in die weite Welt! Uns allein lassen! Und dann noch schnell ein Foto schicken, das genausogut ein Bild von einem der anderen Milliarden Sterne aus dem hintersten Winkel des Weltalls sein könnte, um uns unsere beschämende Nichtigkeit so richtig vor Augen zu führen, und das, wo wir doch wohlgemerkt diesen Fotografen nicht nur selber gemacht, sondern auch noch losgeschickt haben, um in neunzigtausend Jahren wenigstens in etwa zu wissen, woran wir sind.
Ich merkte, daß ich allmählich einschlummerte, und zugleich schien eine gewaltige Welle mich zu durchfluten, aufzunehmen, zu umschließen und mit einer Kraft mitzureißen, von der ich nicht wußte, daß es sie gab. Ich dachte an den Tod, wenngleich nicht aus diesem Grund, sondern noch wegen des Fotos. Jeder Gedanke zieht bei mir nun einmal sofort den nächsten nach sich, und durch diese mickrigen Sterne aus Zeitungspapier, die ich in der Hand hielt, sah ich eines dieser gräßlichen Vanitasbilder, die unsere Vorfahren dazu benutzten, um den Gedanken an

ihren Tod wachzurufen, irgendein Mönch (wenn irgendwo zwischen den leidenden Disteln an seinen nackten Füßen ein Kardinalshut lag, war es immer der Heilige Hieronymus) an einem Tisch, der abwechselnd auf den Schädel von jemandem starrte, der niemals so geistreich wie Hamlets Yorrick gewesen sein konnte, und auf den Gemarterten am Kreuz. Unheilswolken, unfruchtbare Landschaften, irgendwo ein Löwe. Vielleicht mußten sie sich der Welt widersetzen, da sie noch eine hatten, die unsrige ist ein Foto in einer Zeitung, aus sechs Milliarden Kilometer Entfernung aufgenommen. Daß die Zeitung, die ich in der Hand hielt, sich gleichzeitig auf jenem fahlen Stern befand, das war natürlich das Wunder, aber ich weiß nicht, ob ich das alles noch an diesem Abend gedacht habe. Meist kann ich meine Gedanken durchaus bis zu jenem dummen und demütigenden Augenblick des Einschlafens zurückverfolgen, wenn der Geist dem Körper unterliegt, der sich als ergebener Diener mit der Dunkelheit der Nacht abgefunden hat und nichts lieber will, als Abwesenheit vortäuschen.

Gestern war es anders. Ich merkte, daß der Gedanke, der mich – wie auch immer – beschäftigte, verzweifelt versuchte, mit der trägen Woge in Einklang zu kommen, die mich mitzureißen schien. Das gesamte Universum war darauf aus, mich zu betäuben, und es schien, als versuchte ich, mit dieser Betäubung mitzusingen, dazuzugehören, so wie ein Fisch, der von der Brandung mitgesogen wird, gleichzeitig zu dieser Brandung gehört. Doch was ich auch wollte – fliegen, schwimmen, singen, denken –, es gelang mir nicht mehr. Die stärksten Arme der Welt hatten mich in Amsterdam aufgehoben und, wie es schien, in einem Zimmer in Lissabon wieder abgelegt. Sie hatten mir nichts zuleide getan. Ich spürte keinerlei Schmerz. Ich empfand auch keinen, wie soll ich das sagen, Kummer. Und ich war nicht neugierig, doch das mag durch meinen täglichen Umgang mit Ovids *Metamorphosen* kommen. Siehe Buch XV, Vers 60-65. Auch ich habe meine Bibel, und sie hilft wirklich. Und außerdem – mein Körper, obwohl wenn ich noch immer nicht in den Spiegel geschaut hatte, fühlte sich an wie er selbst. Das heißt, nicht ich war ein anderer geworden, ich befand mich lediglich in einem Zimmer, in dem ich mich nach den Gesetzen der Logik, soweit ich sie kannte, nicht befinden konnte. Das Zimmer kannte ich, denn hier hatte ich vor gut zwanzig Jahren mit der Frau eines anderen geschlafen.

Das Abgeschmackte dieses Ausdrucks brachte mich in die Welt zurück. Mehr noch, ich zog die

Knie an und schob mir das nicht beschlafene Kissen, das neben meinem lag, unter den Kopf, so daß ich halb aufgerichtet saß. Es geht nichts über ein richtiges Déjà-vu, und da hingen sie immer noch, das alberne, aus dem siebzehnten Jahrhundert stammende Porträt des überschätzten Dichters Camões sowie der Stich vom großen Erdbeben in Lissabon, auf dem kleine gesichtslose Figuren in alle Richtungen rennen, um nicht unter den einstürzenden Trümmern begraben zu werden. Darüber hatte ich noch Witze gemacht, ihr gegenüber, doch sie mochte derlei Witze nicht. Dafür war sie nicht in diesem Zimmer. Sie war in diesem Zimmer, um Rache zu nehmen, und dafür brauchte sie mich nun einmal. Liebe ist der Zeitvertreib der Bourgeoisie, hatte ich einmal gesagt, aber ich meinte natürlich einfach den Mittelstand. Und jetzt war ich also verliebt und dadurch zum Mitglied eben jenes faden, zusammengewürfelten Vereins gleichgeschalteter Automaten geworden, den ich angeblich so sehr verabscheute. Ich versuchte mir selbst weiszumachen, daß es sich hier um Leidenschaft handelte, doch wenn es bei ihr so war, dann galt diese Leidenschaft jedenfalls nicht mir, sondern ihrem blutleeren Ehemann, einer Art Riese aus Kalbfleisch, glatzköpfig, mit einem ewig grinsenden Gesicht, als würde er ständig Kekse anbieten. Niederländischlehrer

– nun, wenn man je einen Vertreter dieses Typs zu zeichnen hätte, so könnte man ihn als Vorlage nehmen. Kindern eine Sprache beizubringen, die sie schon lange vor ihrer Geburt im Echoraum der Gebärmutter gehört haben, den natürlichen Wildwuchs dieser Sprache mit mechanischem Gefasel von Ordnungszahlen, doppelten Pluralformen, trennbaren Verben, prädikativem Gebrauch und Präpositionalverbindungen zu stutzen ist *eine* Sache, aber auszusehen wie ein schlecht gebratenes Kotelett und von Poesie zu sprechen, das geht zu weit. Und er sprach nicht nur von Poesie, er schrieb auch welche. Alle paar Jahre erschien ein winziges Bändchen mit Berichten aus der lauen Provinz seiner Seele, Zeilen ohne Biß, Wortreihen, die irgendwie zusammenhanglos auf der Seite schwammen. Sollten sie je in Berührung mit auch nur einer einzigen Zeile von Horaz kommen, so würden sie sich auflösen, ohne eine Spur zu hinterlassen.
Ich setzte mich auf und verspürte das dringende Verlangen, mich selbst zu sehen, nicht dessentwegen, was ich dann zu sehen bekäme, denn mein Äußeres war mir zuwider, und zu Recht. Nein, es ging um die Konfrontation. Ich mußte wissen, welche Version von mir hier in diesem Zimmer von damals war, die heutige oder die damalige. Ich wußte nicht, welche ich schlimmer fände. Ich

streckte ein Bein aus dem Bett, ein weißes Altmännerbein. Aber so hatten meine Beine immer ausgesehen, daraus konnte ich nichts schließen. Es blieb nur eine Lösung, der Spiegel im Bad, und dort ging ich jetzt hin, ohne das Zögern, das man nach all den Jahren hätte erwarten können. So, da stand ich nun. Ich weiß nicht, ob es eine Erleichterung war, daß ich wenigstens nicht mein früheres Ich zu sein brauchte und daß derjenige, der da stand, doch mehr oder weniger demjenigen glich, dessen Anblick ich gestern abend ohne allzuviel Erfolg vor meinem Amsterdamer Spiegel vermieden hatte. »Sokrates«, das war mein Spitzname in dem Provinzgymnasium, an dem ich unterrichtet hatte, und das war gut getroffen, denn so sah ich aus. Sokrates ohne Bart und mit Brille, das gleiche klumpige Gesicht, bei dem keiner je an Philosophie denken würde, wenn wir nicht zufällig wüßten, welche Worte diese Specklippen unter der stumpfen Nase mit den breiten Nasenlöchern gesprochen hatten und welche Gedanken hinter dieser Schlägerstirn entstanden waren. Ohne Brille, wie damals, war es noch schlimmer.

»Jetzt siehst du wirklich wie Sokrates aus«, hatte sie gesagt, nachdem sie mich zum erstenmal gebeten hatte, die Brille abzusetzen. Wenn ich das tue, komme ich mir vor wie eine Schildkröte ohne

Schild. Das bedeutet, daß ich in der intimen Nähe eines Frauenkörpers das Wehrloseste aller Geschöpfe bin, und das wiederum bedeutet, daß ich mich meist von diesen Aktivitäten ferngehalten habe, die ständig in aller Munde sind und die meiner Meinung nach doch eher zum Tierreich gehören als zu den Menschen, die sich mit den weniger greifbaren Dingen des Daseins befassen, wobei noch hinzukommt, daß gerade dieses Greifen mir in solchen Situationen so schlecht gelang. Es war eher das Grabschen und Krallen eines Blinden, denn wenn ich natürlich auch wußte, wo ungefähr meine Hände hinmußten, so blieb es doch Suchen, denn meine Augen verweigerten entschieden die Mitarbeit, wenn die beiden runden gläsernen Sklaven, meine Brille, nicht in der Nähe waren. Alles, was ich sah, sofern man es überhaupt so nennen konnte, war eine mehr oder weniger rosa Masse mit hier und da, wie es schien, einer komischen Ausstülpung oder einem dunklen Fleck. Was mich noch am meisten ärgerte, ist, daß meine unschuldigen Hände, die mir in solchen, Gott sei Dank seltenen Fällen ja nur helfen wollten, dann gerade der Roheit, Frechheit, Plumpheit bezichtigt wurden, als wären es aus einer Anstalt entflohene Kinderschänder. Doch über die merkwürdigen Details, die die Liebe zwischen menschlichen Wesen mit sich bringt, will ich jetzt nicht sprechen. Wollen wir es dabei bewenden lassen, daß sie sich sehr große Mühe gab. Denn das habe ich immerhin gelernt, wenn Frauen sich etwas in den Kopf gesetzt haben, dann werden Kräfte mobilisiert, gegen die Männer mit all ihrer sogenannten Willenskraft nichts ausrichten können.

Ich sah mich an. Das gelbe Licht von damals war durch Neon ersetzt worden, was auch dem schönsten Gesicht eine Leichenblässe verleiht. Doch das war es nicht, was ich vor mir sah. Es war eher so, daß ich jetzt (da haben wir dieses Wort wieder) zum erstenmal Sokrates geworden war. Bart, Brille, das Drum und Dran tat nichts mehr zur Sache. Der, der dort stand, der, den ich nie geliebt habe, erweckte Liebe in mir. Aber warum? Das Barbarische an diesem Gesicht hatte mich mein Leben lang begleitet, doch nun war ein anderes Element hinzugekommen, etwas, das ich nicht deuten konnte. Was war mit mir? Etwas war mit mir passiert, und ich wußte nicht, was, etwas, bei dem meine unerwartete Anwesenheit hier nur ein belangloses Detail war.

Ich streckte die Zunge heraus, das tue ich öfter. In all ihrer schweineähnlichen Einfachheit ist sie noch einer meiner anziehendsten Körperteile, doch wenn ich sie mir vor dem Spiegel herausstrecke, hilft mir das meist sehr gut, mich zu konzentrieren. Man kann es auch eine Form von Meditation nennen, die mich wieder auf einen früheren Gedanken bringt. Und mit einemmal wußte ich, was ich am vorigen Abend, wenn es der vorige Abend gewesen war, gedacht hatte. Die Woge, die mich im Schlaf oder Halbschlaf durchflutet hatte, war Angst gewesen, physische Angst, ich könnte von der Erde, die da so lose und schutzlos im Raum hing, herunterfallen. Ich versuchte, diese Angst jetzt wieder wachzurufen, aber es ging nicht mehr, mit aller Newtonschen Sicherheit stand ich wie angenagelt auf den roten Fliesen des Bads von Zimmer 6 im Essex House in Lissabon und dachte an Maria Zeinstra, Biologielehrerin am selben Gymnasium, an dem auch ihr Mann, Arend Herfst, unterrichtete. Und ich natürlich. Während sie erklärte, wie das Gedächtnis funktioniert und wie Tiere sterben, sprach ich, nur durch einen Dezimeter Backstein von ihr getrennt, von Göttern und Helden oder den Tücken des Aorist, während aus seiner Klasse schmieriges, pubertäres Gelächter ertönte, denn er sprach wie gewöhnlich von gar nichts und war daher wahnsinnig beliebt. Ein leibhaftiger Dichter und dann noch einer, der die Basketballmannschaft der Schule trainiert, das ist schließlich etwas anderes als ein wie Sokrates aussehender Zwerg, der nur ein paar Leichen anzubieten hat von zweitausend Jahre zuvor gestorbenen Exemplaren eben jener Spezies, die die Schönheit ihrer Sprache hinter den Schanzen einer hermetischen Syntax so versteckt hat, daß die Bewunderer lebender Klassiker wie Prince, Gullit und Madonna keine Spur davon wiederfinden können. Ausgenommen, ganz selten, in einem Jahr der Gnade, jener eine Schüler, der den penetranten Geruch von Unlust und Widerwillen, der einem entgegenschlägt, vergessen läßt, einer, der sich auf dem mitreißenden Wellenschlag der Hexameter mitschwingen läßt, einer mit einem Ohr für Musik, der bravourös alle Kasus-Hindernisse nimmt, der Linie der Gedanken folgt, die Verbindungen erkennt, das Gebäude, die Schönheit. Schon wieder dieses Wort, doch das läßt sich nicht ändern. Ich war häßlich, und Schönheit war meine Leidenschaft, nicht die sichtbare, unmittelbar greifbare, sondern jene andere, um soviel geheimnisvollere Variante, die sich hinter dem abweisenden Panzer einer toten Sprache verbarg. Tot! Wenn diese Sprachen tot waren, dann war ich Jesus, der Lazarus von den Toten auferstehen lassen konnte. Und in jenem einen Jahr der Gnade gab es jemanden, der das sah, nein, schlimmer noch, der es selbst konnte.

Lisa d'India fehlte mein Wissen, doch das war einerlei. Jede Zeile Latein, über die sie sich beugte, begann zu schwingen, zu leben, zu fließen. Sie war ein Wunder, und wenn ich auch nicht weiß, weshalb ich hier bin, so weiß ich doch in jedem Fall, daß sie etwas damit zu tun hat.

Jetzt trete ich einen Schritt zurück, doch das Seltsame bleibt, als würde ich von innen heraus leuchten. Wenn es gestern abend Angst war, so ist es jetzt Rührung. Essex House, idiotischer Name für ein portugiesisches Hotel. Rua das Janelas Verdes, unweit des Tejo. »Ich fühle mich innen verderben, jetzt weiß ich, woran ich werd' sterben / An den Ufern des Tejo, wo das Leben wie nirgendwo …« Slauerhoff.* Ich weiß noch, daß ich der Klasse von der in kaum einer Sprache wiederzugebenden vertrackten Funktion der Präposition *an* in dieser Zeile erzählte. Nur im Niederländischen und im Deutschen könne man an Krebs und am Tejo sterben, doch niemand lachte, nur sie. Ich muß aus diesem Bad raus, meine eigene Anwesenheit wird mir zuviel. Ich frage mich, ob ich Hunger habe, und meine, nein. Ich bestelle den Roomservice fürs Frühstück. *Prima almoço*, ich hatte vergessen, daß ich Portugiesisch konnte. Die Stimme, die antwortet, ist ruhig, freundlich, jung. Eine Frau. Keine Spur von Erstaunen, auch nicht bei dem Mädchen, das das Frühstück bringt. Oder täusche ich mich, ist etwas Ehrerbietiges in ihrer Haltung, eine Ehrerbietung (was für ein lächerliches Wort im Grunde genommen), mit der ich von seiten des Bedienungspersonals meist nicht zu rechnen brauche. Ich setze mich im Schneidersitz auf den Boden und breite das Frühstück um mich aus. Ich weiß, jetzt muß ich mit der Arbeit des Erinnerns beginnen. Das will das Zimmer. Ich habe genau das gleiche Gefühl wie früher, wenn ich einen Stapel Herodot-Übersetzungen zu korrigieren hatte. Ich habe immer eine Schwäche für diesen durchsichtigen Phantasten gehabt, ersonnene Geschichte ist reizvoller als die langweilige Schreckensherrschaft der Fakten. Doch das Erwürgen der ohnehin nicht besonders glänzenden Prosa des alten Fabulanten durch meine Schüler nahm mir natürlich jegliche Lust. Es sei denn, eine Übersetzung von ihr war dabei, und sei es allein deswegen, weil sie manchmal etwas dazu erfand, das einfach nicht dastand, eine persische Sitte, eine lydische Prinzessin, einen ägyptischen Gott.

Ich war der einzige der gesamten Schule, Direktor, Lehrer, Lehrerinnen, Hilfskräfte inbegriffen, der nicht in Lisa d'India verliebt war. Sie war nicht nur bei mir gut, sie war in allen Fächern gut. In Mathematik war sie die Klarheit, in Physik der Geist der Entdeckung, und bei den Sprachen schlüpfte sie in die Seele der Sprache. In der Schulzeitung standen ihre ersten Erzählungen, und das waren die Erzählungen einer Frau zwischen den Erzählungen von Kindern. Der entscheidende Treffer, mit dem unsere Schule das Basketballturnier gewonnen hatte, stammte von ihr. Körperliche Schönheit war bei alledem natürlich überflüssig, doch es war so, zwischen den sechzig Augen in einer Klasse konnte man ihren nicht ausweichen. Sie hatte weiße Strähnen in ihrem schwarzen Haar, als hätte sie schon sehr lange gelebt, das Zeichen einer anderen Zeitordnung in der Domäne der Jugend, als wüßte ihr Körper bereits, daß sie früh sterben müsse. Ich nannte sie insgeheim Graia, nach den Töchtern von Keto und Phorkys, die mit weißem Haar geboren wurden, von einem schrecklichen Alter befallen. Einmal sagte ich das zu ihr, und sie sah mich mit dem Blick von Menschen an, die einen eigentlich nicht sehen, weil sie mit ihren Gedanken irgendwo anders sind oder weil man etwas gesagt hat, das an einen geheimen Bereich ihrer Person rührt, etwas, was sie bereits wissen, das sie jedoch vor anderen verbergen wollen.

Sie war die Tochter eines Ehepaars aus der ersten Generation von Gastarbeitern, Italienern, die gemeinsam mit Türken, Spaniern und Portugiesen den ersten Anstoß dazu geben sollten, die Niederlande von ihrem ewigen Provinzialismus zu erlösen. Wenn ihr Vater, ein Metallarbeiter aus Catania, gewußt hätte, daß Arend Herfst ein Verhältnis mit ihr hatte, hätte er ihn wahrscheinlich totgeschlagen oder wäre schreiend zum Direktor gerannt, der es selbst schon schwer genug hatte, weil er sie an den gräßlichen Herfst hatte abtreten müssen. Wieso diese Dinge nicht früher herauskamen, weiß ich nicht, es schien, als ob jeder, Schüler wie Lehrer, einen Schleier des Schweigens um sie gewoben hatte, vielleicht, weil wir alle wußten, daß es dann vorbei wäre, daß sie dann entschwinden würde. Wir, das heißt auch ich. Doch ich war nicht verliebt in sie, das war mir nicht möglich, ich habe meinen kategorischen Imperativ fest in meinem System verankert, es gehört sich nicht und dann kann ich es nicht. Die paar Jahre, die sie in meiner Klasse saß, habe ich eine Art von Glück erlebt, die zwar mit Liebe zu tun hatte, doch nicht mit der vulgären Variante, die jeden Tag von allen Bildschirmen strahlt, und auch nicht mit dieser verwirrenden, törichten und nicht zu kontrollierenden Empfindung, die man Verliebtheit nennt. Von dem Elend, das damit einhergeht, wußte ich mehr als genug. Ein einziges Mal in meinem Leben habe ich dann doch zu den gewöhnlichen Menschen gehört, den Sterblichen, den anderen, denn ich war in Maria Zeinstra verliebt. Ein einziges Mal, und gleich war es verhängnisvoll für alle Parteien.

Ich bin froh, daß die anderen weg sind und daß ich es nur dir zu erzählen brauche, auch wenn du selbst jemand aus meiner Geschichte bist. Aber das weißt du schon, und ich lasse dich so. Dritte Person, bis es mir zu schwierig wird.

Banalitas banalitatis, das war die Beschwörungsformel, mit der ich zwanzig Jahre lang selbst den entferntesten Gedanken an die Ereignisse jener Tage zu vermeiden verstanden habe. Was mich anbelangt, so hatte ich vom Wasser des Flusses Lethe getrunken: Für mich gab es keine Vergangenheit mehr, nur noch Hotels mit zwei, drei oder fünf Sternen und den Blödsinn, den ich dazu schrieb. Das sogenannte wirkliche Leben hatte sich ein einziges Mal in meine Angelegenheiten eingemischt, und es hatte in nichts dem geglichen, worauf Worte, Verse, Bücher mich vorbereitet hatten. Schicksal gehörte zu blinden Sehern, Orakeln, Chören, die den Tod verkünden, es gehörte nicht zu dem Gekeuche neben dem Kühlschrank, Gefummel mit Kondomen, dem Warten in einem Honda um die Ecke und heimlichen Verabredungen in einem Lissabonner Hotel. Nur das Geschriebene existiert, alles, was man selbst tun

muß, ist formlos, dem reimlosen Zufall unterworfen. Und es dauert zu lange. Und wenn es böse endet, stimmt das Versmaß nicht, man kann nichts streichen. So schreib doch, Sokrates! Aber nein, er nicht und ich nicht. Schreiben, wenn bereits geschrieben ist, das ist etwas für die Hochmütigen, die Blinden, diejenigen, die nicht um ihre eigene Sterblichkeit wissen.
Nun wäre ich gern eine Weile still, um all diese Worte hinunterzuspülen. Du hast mir nicht gesagt, wieviel Zeit ich für diese Geschichte habe. Ich kann nichts mehr messen. Ich würde jetzt gern ein Madrigal von Sigismundo d'India hören. Klarheit, Timing, nur Stimmen, das Chaos der Gefühle in die Ordnung der Komposition gezwängt. Bei mir zu Hause hatte sie zum erstenmal ein Madrigal von d'India gehört. Dein Vorfahr, sagte ich, als machte ich ihr ein Geschenk. Ein Flegel, ich. Immer gewesen. Der kastenlose Lehrer neben der fürstlichen Schülerin. Sie stand vor meinem Bücherschrank, meinem einzigen wahren Stammbaum, die wundersam lange Hand in der Nähe von Hesiod, Horaz, drehte sich um und sagte, mein Vater ist Metallarbeiter, als wolle sie den Abstand zwischen sich selbst und der Musik so groß wie möglich machen. Doch ich war nicht verliebt in sie, ich war verliebt in Maria Zeinstra.

Raus aus dem Zimmer! Aus welchem Zimmer? Aus diesem hier, dem Zimmer in Lissabon. Sokrates hat Angst, Dr. Strabo wagt sein Gesicht nicht zu zeigen, Herman Mussert weiß nicht, ob er hier überhaupt registriert ist. »Wo kommt denn dieses komische Männeken her?« »Welches Zimmer hat er?« »Hast du ihn denn eingetragen?«

Nichts von alledem. Ich nehme meinen Michelin, den Stadtplan von Lissabon. Natürlich lag alles bereit. Reiseschecks, Escudos in meiner Brieftasche, jemand liebt mich, *ipsa sibi virtus praemium*. Und die Angst war umsonst, denn die strahlende Nymphe, der ich meinen Schlüssel gebe, bedeckt mich mit dem Glanz ihrer Augen und sagt: »Bom dia, Doutor Mussert.« August, der Monat des Erhabenen, die hellvioletten Trauben der Glyzinie, der überschattete Patio, die Steintreppe nach unten, derselbe Portier von damals, zwanzig Jahre in der Zeit geschmort, ich erkenne ihn wieder, er tut, als erkenne er mich. Nach links muß ich, zu der kleinen *pastelaria*, in der sie sich mit dotterfarbenen kleinen *brioches* vollstopfte, der Honig lackt ihre gierigen Lippen. Nix lackt. Lackte! Die *pastelaria* gibt es noch, die Welt ist ewig. *Bom dia*! Aus Pietät esse ich so ein Ding, um den Geschmack ihres Mundes noch einmal zu kosten. *Cafezinho*, stark, bitter, mehr mein eigener Beitrag. Bittersüß gehe ich zum Kiosk gegenüber, kaufe den *Diário de Notícias*, doch die Neuigkeiten der Welt haben für mich keine Gültigkeit. Übrigens genausowenig wie damals. Jetzt ist es der Irak, was es damals war, weiß ich nicht mehr. Und Irak ist eine späte Maske für mein eigenes Babylonien, für Akkad und Sumer und das Land der Chaldäer. Ur, Euphrat, Tigris und das herrliche Babylon, Bordell der hundertfachen Sprache.

Ich merke, daß ich irgendeine Melodie summe, daß ich den flotten Schritt meiner besten Tage habe. Ich gehe zum Largo de Santos, dann zur Avenida 24 de Julho. Rechts von mir der kleine Zug und die Spielzeugstraßenbahnen in ihren Kinderfarben. Dahinter muß er liegen, mein Fluß. Warum es von allen Flüssen gerade dieser Fluß war, der mich so bewegte, weiß ich nicht, es muß jene erste Vision gewesen sein, vor so langer Zeit, 1954, als Lissabon noch Hauptstadt eines zerfallenden Weltreichs war. Wir hatten Indonesien bereits verloren und die Engländer Indien, doch an diesem Fluß schienen die Gesetze der realen Welt nicht zu gelten. Sie hatten Timor noch und Goa, Macao, Angola, Moçambique, ihre Sonne war noch immer nicht untergegangen, in ihrem Reich war es irgendwo immer Tag und zugleich Nacht, so daß es schien, als hielten sich die Menschen, die ich sah, am hellichten Tag im Reich des Schlafes auf. Männer mit weißen Schuhen, wie man sie damals im Norden schon nicht mehr sah, spazierten Arm in Arm entlang dem breiten, braunen Fluß und sprachen in einem umflorten, gedehnten Latein miteinander, das für mein Gefühl etwas mit Wasser zu tun hatte, dem Wasser von Tränen und dem Wasser der Weltmeere, der manuelischen Schiffstaue und ihrer Knoten, die die Bauwerke der früheren Könige schmückten, bis hin zu den kleinen Booten, die emsig hin und her fuhren nach Caçilhas und Barreiro, und dem düsteren Abschiedszeichen Torre de Belém, dem letzten, was die in See stechenden Entdecker von ihrem Vaterland sehen sollten, und dem ersten, was sie erblickten, wenn sie nach Jahren zurückkehrten. Sofern sie zurückkehrten. Ich war zurückgekehrt, ich war an dem pathetischen Standbild des Duque de Terceira vorbeigegangen, der Lissabon im vorigen Jahrhundert von irgend etwas befreit hatte, ich hatte zwischen den Straßenbahnen den Cais do Sodre überquert, und jetzt stand ich am Fluß, demselben von einst und damals, nur kannte ich ihn jetzt besser, ich kannte seinen Ursprung in einem grünen Feld irgendwo in Spanien in der Nähe von Cuenca, ich kannte die Felswände, die er bei Toledo ausgewaschen hat, seinen breiteren, trägeren Fluß durch die Estremadura, ich kannte seine Herkunft, ich hörte das Rauschen des Wassers in der Sprache um mich her. Später (viel später) hatte ich einmal zu Lisa d'India gesagt: »Latein ist das Wesen, Französisch der Gedanke, Spanisch das Feuer, Italienisch die Luft (ich sagte natürlich Äther), Katalanisch die Erde und Portugiesisch das Wasser.« Sie hatte gelacht, hoch, hell, nicht aber Maria Zeinstra. Vielleicht war es sogar an derselben Stelle, an der ich jetzt stehe, wo ich es an ihr ausprobierte, doch ihr sagte das nichts. »Für mich ist Portugiesisch eine Art Geflüster«, sagte sie, »ich verstehe kein Wort. Und das mit dem Wasser, das kommt mir ziemlich weit hergeholt vor, zumindest nicht gerade wissenschaftlich.« Dem hatte ich, wie gewöhnlich, nichts entgegenzusetzen. Ich war schon froh, daß sie da war, auch wenn sie meinen Fluß zu braun fand. »Kann man sich vorstellen, was da alles drin ist.«

Ich wende mich der Stadt zu, die langsam ansteigt, und weiß, daß ich hier etwas suche, aber was? Etwas, das ich wiedersehen will und das ich erst erkennen werde, wenn ich es sehe. Und dann sehe ich es, ein komisches kleines Gebäude mit einer riesigen Uhr, fast ein Steinschuppen, der ganz aus Uhr besteht, groß, rund, weiß, mit mächtigen Zeigern, sie zeigen die Zeit an, verwal-

ten sie. HORA LEGAL steht mit großen Buchstaben darüber, und in dem lockeren Wirrwarr dieses Platzes klingt das tatsächlich wie ein Gesetzestext: Wer immer und wo immer der Zeit etwas anhaben will, wer sie dehnen, aufhalten, fließen lassen, lahmlegen, beugen will, der wisse, daß an meinem Gesetz nicht zu rütteln ist, meine ehrfurchtgebietenden Zeiger zeigen das ätherische, ephemere, nicht existierende Jetzt an, und das tun sie immer. Sie kümmern sich nicht um die korrumpierende Teilung, die Hurenhaftigkeit des Jetzt der Gelehrten, das meine ist das einzige, wirkliche, dauernde Jetzt, und immer wieder aufs neue dauert es sechzig wohlgezählte Sekunden, und jetzt, genau wie damals, stehe ich da und zähle und schaue auf den großen, schwarzen eisernen Zeiger, der auf die leere weiße, in Segmente aufgeteilte Fläche zwischen 10 und 15 zeigt, bis er mit einem Ruck zur nächsten leeren Fläche springt und befiehlt, bestimmt, sagt, daß es jetzt dort jetzt ist. Jetzt?
Eine flüchtige Taube setzte sich auf den Halbbogen über der Uhr, als wollte sie damit etwas verdeutlichen, aber ich war nicht von meinem inneren Konzept abzubringen. Uhren hatten meiner Ansicht nach zwei Funktionen. Erstens, den Leuten zu sagen, wie spät es ist, und zweitens, mich mit der Überzeugung zu durchdringen, daß die

Zeit ein Rätsel ist, ein zügelloses, maßloses Phänomen, das sich dem Verständnis entzieht und dem wir, mangels besserer Möglichkeiten, den Schein einer Ordnung gegeben haben. Zeit ist das System, das dafür sorgen soll, daß nicht alles gleichzeitig geschieht, diesen Satz hatte ich einmal zufällig im Radio gehört. War, hatte, was rede ich da, ich stehe jetzt hier, und einmal stand ich mit Maria Zeinstra hier, die mich mit ihren grünen, nordholländischen Augen ansah und sagte: »Was redest du da bloß, Bratklops? Wenn du die Zeit der Wissenschaft und die deines Seelchens nicht auseinanderhalten kannst, gibt's nur Durcheinander.«

Darauf hatte ich keine Antwort gegeben, nicht weil ich beleidigt war, denn ich fand es herrlich, von ihr Bratklops (oder Lampenschirm, Bratfisch, Apfelsine) genannt zu werden, sondern weil die Antwort hundert Meter weiter in der British Bar an der Wand hing. Sie merkte nichts, als wir dort eintraten, doch als wir in der Kühle und dem Schatten saßen und sie den ersten Schluck von ihrem Madeira genommen hatte, fragte ich beiläufig: »Wie spät ist es eigentlich?«

Sie sah auf die große hölzerne Pendeluhr, die schräg gegenüber von uns hing, und ihr Gesicht nahm sofort den unwirschen Ausdruck von Menschen an, die es nicht leiden können, wenn die heiligen Regeln des geordneten Universums durchbrochen werden. »Ja, ja, so kann ich's auch«, sagte sie und sah auf ihre Armbanduhr. »Gott, wie blöd.« »Ach, es ist auch eine Art, wie man die Zeit sehen kann«, sagte ich, »Einstein machte Sirup daraus, und Dalí ließ sie samt Uhr und allem schmelzen.« Auf der Uhr gegenüber war die übliche Zahlenreihe, die uns helfen soll, mehr oder weniger geordnet durch den uns zugewiesenen Teil des großen Luftballons zu kommen, umgedreht: Zehn vor halb sieben war zehn vor halb fünf geworden, mit allen Schwindelgefühlen, die dazu gehören. Ich hatte den Barkeeper mal gefragt, wie er zu der Uhr gekommen sei, und er hatte gesagt, er habe sie mitsamt dem ganzen Inventar übernommen. Und nein, er habe so etwas auch noch nie gesehen, aber ein Engländer habe ihm erklärt, es müsse etwas mit der Art und Weise zu tun haben, wie Kenner Portwein einschenken, gegen den Uhrzeigersinn.

»Was kann man von Leuten schon anderes erwarten, die auf der falschen Straßenseite fahren«, sagte sie. »Wann gehen wir endlich rauf?«

Thema beendet, und hinter ihrem wehenden roten Haar ging ich die Avenida das Naus entlang, die Avenida der Schiffe, als zeigte nicht ich ihr, sondern sie mir die Stadt. Das war damals, nicht jetzt. Die verkehrte Uhr hängt immer noch da, seit ich sie in Dr. Strabo's Reiseführer aufgenommen habe, kommt halb Holland, um sie sich anzuschauen. Maria tanzte vor mir her wie ein Schiff, alles was Mann war, drehte sich um, um noch mal zu schauen, um dieses wogende Wunder auch von hinten zu sehen, nicht weil sie so schön war, sondern weil sie, auf jeden Fall dort und damals, eine provozierende Freiheit verkörperte. Besser läßt sich das natürlich nicht sagen, es war, als steuerte sie ihren Körper durch die Menge, um von allen bewundert zu werden. Ich sagte einmal: »Du gehst nicht wie die Frau aus dem Gedicht, die nie sterben würde, sondern wie eine Frau, für die jeder sofort alles stehen- und liegenläßt«, und einen Augenblick lang glaubte ich, sie würde böse, aber sie antwortete nur: »Dann aber wohl mit Ausnahme von Arend Herfst«.

Wie habe ich es der Klasse immer erklärt? Der *Form* nach sind die *Historiae* des Tacitus annalistisch (ja, du Lümmel, das bedeutet in der Form von Annalen und nicht, was du denkst), aber er unterbricht seine Erzählung häufig, um die Reihenfolge der Ereignisse festhalten zu können. Das sollte ich auch mal tun, einen Sonnenhut kaufen, Ordnung schaffen in meinem Kopf, die Zeiten auseinanderhalten, hinaufgehen, aus dem ver-

schlungenen Labyrinth der Alfama flüchten, mich oben in der Kühle einer *bela sombra* beim Castelo São Jorge hinsetzen, die Stadt zu meinen Füßen betrachten, einen Überblick über den Stand meines Lebens gewinnen, den Ablauf der Uhr umdrehen und die Vergangenheit auf mich zulaufen lassen wie einen gehorsamen Hund. Ich würde wie gewöhnlich wieder alles selbst tun müssen, und damit sollte ich am besten sofort beginnen. Doch erst ein Sonnenhut. Weiß, geflochtenes Schilf. Ich wuchs ein Stück damit. »He, Jungs, seht mal, Sokrates hat einen Tuntenhut auf der Brille.«
Unter allen von den sechziger Jahren angegriffenen Köpfen war der des Direktors unseres Gymnasiums wohl am stärksten in Mitleidenschaft gezogen, wenn es nach ihm gegangen wäre, hätten wir Unterricht von den Schülern bekommen. Eines der schönsten Dinge, die er sich hatte einfallen lassen, war, daß die Lehrer sich die Unterrichtsstunden der Kollegen anhören konnten. Die paar, die es bei mir probiert hatten, hatten sich schon nach dem ersten Mal wieder verzogen, und ich selbst habe es nur zweimal getan, einmal beim fakultativen Religionsunterricht, wo ich einer von drei Schülern war und den Pfarrer vom Dienst für alle Zeiten der christlichen Nächstenliebe entfremdet habe. Das andere Mal war natürlich bei

ihr, und wenn auch nur deswegen, weil sie mich im Lehrerzimmer noch nicht einmal angeschaut hatte, weil ich nachts von ihr träumte, wie ich seit meiner Pubertät nicht mehr geträumt hatte, und weil Lisa d'India mir erzählt hatte, daß sie so *tollen* Unterricht gebe.

Letzteres stimmte. Ich hatte mich ganz hinten neben einen albernden Teenager gesetzt und *ihn* damit in Verlegenheit gebracht, doch *sie* tat, als bemerkte sie meine Anwesenheit nicht. Ich hatte gefragt, ob es ihr recht sei, und sie hatte gesagt, »ich kann's nicht verbieten, und vielleicht lernst du noch was dabei, heute geht's über den Tod«, und das war für jemanden, der so gern wissenschaftlich sein wollte, merkwürdig ungenau ausgedrückt, denn es ging nicht so sehr über den Tod, sondern über das, was danach kommt, Metamorphosen. Und wenn es auch nicht dieselben sind – damit kenne ich mich aus. Es war lange her, seit ich in einer Klasse gesessen hatte, und durch diese Umkehrung der Verhältnisse sah ich plötzlich wieder, wie merkwürdig der Beruf des Lehrers doch ist. Da sitzen zwanzig oder mehr, und nur einer steht, und das Wissen dieses einen Stehenden muß in die noch unbeschriebenen Gehirne aller anderen.

Sie stand gut, ihr rotes Haar segelte wie eine Fahne durch die Klasse, doch lange konnte ich das nicht genießen, denn vor der Tafel wurde eine Filmleinwand entrollt, und die Vorhänge des Klassenraums, ein paar unansehnliche beige Lappen, wurden zugezogen. »Herr Mussert hat Glück«, sagte sie, »gleich beim ersten Mal Film.« Gejohle.

»Sokrates, Pfoten weg«, hörte ich noch jemanden im Dunkeln sagen, und dann wurde es still, denn auf der Leinwand erschien eine tote Ratte. Sie war nicht groß, aber eindeutig tot, das Maul leicht geöffnet, ein wenig Blut an den Schnurrhaaren, ein wenig Glanz im halboffenen Auge. Der eingeknickte Körper lag halb zusammengesackt in jener Haltung, die unabweislich den Tod markiert, Stillstand, das Unvermögen, sich je wieder zu bewegen. Jemand machte ein Kotzgeräusch.

»Nicht nötig.« Das war ihre Stimme, knapp, wie ein Schlag. Es war gleich wieder still. Dann erschien ein Totengräber auf der Bildfläche. Nicht, daß ich gewußt hätte, daß es einer war – sie sagte es. Ein Totengräber, ein Käfer in den Farben eines Feuersalamanders. Auch das sagte sie. Ich sah ein adliges Tier, Ebenholz und tiefes Ocker. Es sah aus, als trüge er ein Wappen auf den Flügeln. Nix er, sie.

»Dies ist das Weibchen.«

Das mußte stimmen, schließlich kam es von ihr.

Ich versuchte es mir vorzustellen. Jemand anders auch, denn eine Stimme sagte: »Dufte Biene.« Niemand lachte.

Der Käfer begann, eine Art Laufgraben um die tote Ratte zu graben. Jetzt kam ein zweiter Käfer hinzu, aber der tat nicht so viel.

»Das Männchen.« Natürlich.

Das Weibchen begann jetzt, den Kadaver anzuschubsen, er bewegte sich jedesmal ein wenig, steif, unwillig. Tote, egal welcher Spezies, wollen weiterschlafen. Es sah aus, als wollte der Käfer die Ratte krumm biegen, der dicke, gepanzerte, schwarzglänzende Kopf stieß jedesmal gegen das Aas, ein Bildhauer mit einem zu großen Stück Marmor. Ab und an sprang das Bild ein bißchen, dann waren wir wieder ein Stück weiter.

»Ihr seht, der Film wurde zusammengeschnitten, der Ablauf dauert insgesamt etwa acht Stunden.«

Die Kurzfassung war auch noch lang genug. Immer runder wurde der Kadaver, die Beine verknoteten sich fast, der Rattenkopf wurde in die weiche Bauchhöhle geschoben und verschwand, der Käfer tanzte seinen Totentanz um einen haarigen Ball.

»Dies nennen wir eine Aaskugel.«

Aaskugel, ich probierte das Wort. Noch nie gehört. Ich bin immer dankbar für ein neues Wort.

Und dieses war ein schönes Wort. Eine behaarte Kugel aus Rattenfleisch, die langsam in den Laufgraben rollte.
»Jetzt paart sie sich mit dem Männchen im Grab.«
Jemand gab ein schmatzendes Geräusch von sich im fahlen Dunkel.
Sie knipste das Licht an und nahm einen großen pickligen Jungen in der dritten Reihe ins Visier.
»Tu nicht so umschattet«, sagte sie.
Umschattet. Das Wort allein schon! In nordholländischem Tonfall ausgesprochen, aus dunkler Kehle. Das Licht war bereits wieder gelöscht, doch ich wußte, daß das unbestimmte Gefühl, das ich für sie gehegt hatte, plötzlich zu Liebe ernannt war. *Tu nicht so umschattet.* Die beiden Käfer machten ein bißchen aneinander herum, als sei dies ihr Auftrag, was natürlich auch so ist. Wir sind die einzige Gattung, die von diesem Zweck abgekommen ist. Das gleiche Herumgewurstel wie immer, noch seltsamer, weil die meisten Tiere sich dabei nicht hinlegen, so daß das Herumgemache da auf der Leinwand einem ziellosen Tanz glich, bei dem der eine den anderen ein bißchen herumschwenken muß, alles in tödlicher Stille. Tanzen ohne Musik, das Übereinanderschieben der Panzer muß einen wahnsinnigen Lärm machen. Aber vielleicht haben Käfer ja

keine Ohren, ich habe vergessen, danach zu fragen. Die beiden Tanks ließen voneinander ab, der eine fing an, den anderen zu verfolgen. Ich wußte schon längst nicht mehr, wer wer war. Sie schon.

»Jetzt jagt das Weibchen das Männchen aus dem Grab.«

Gesumm in der Klasse, die hohen Töne der Mädchen. Dazwischen hörte ich ihr dunkles, beifälliges Lachen und fühlte mich beleidigt.

Jetzt grub das Weibchen eine zweite Grube, »für die Eikammern«. Wieder so ein Wort. Diese Frau brachte mir neue Wörter bei. Kein Zweifel, ich liebte sie.

»In zwei Tagen legt sie dort ihre Eier ab. Aber erst macht sie das Aasfleisch weicher.«

Ihre Eier. Ich hatte noch nie einen Käfer sich erbrechen sehen, doch jetzt sah ich es. Ich saß in der Klasse der Frau, die ich liebte, und sah den hundertfach vergrößerten Science-fiction-Kopf eines Käfers, der Totengräber hieß, grünen Magensaft über eine runde Kugel Aasfleisch ausspucken, die vor einer Stunde noch wie eine tote Ratte ausgesehen hatte.

»Jetzt frißt sie ein Loch in das Aasfleisch.« Es stimmte. Die Grabmaschine, die Mutter, Eierträgerin, Liebhaberin, Mörderin, *mamma*, fraß ein Stück aus der Rattenkugel und erbrach es wieder in die kleine Höhlung, die sie gerade mit ihren Zähnen in ebendiese Kugel gegraben hatte. »So macht sie einen Futtertrog.« Aaskugel, Eikammer, Futtertrog. Und die Beschleunigung der Zeit: in zwei Tagen die Eier, fünf Tage danach die Larven. Nein, ich weiß, daß Zeit nicht beschleunigt werden kann. Oder doch? Die Eier sind weiß und glänzend, samenfarbene Kapseln, die Larven sanft geringelt, von der Farbe lebenden Elfenbeins. Mutter beißt ins Rattenpüree, die Larven lecken ihr das Maul aus. Alles hat mit Liebe zu tun. Fünf Stunden später fressen sie selbst, am Tag darauf kriechen sie bereits in den zusammengerollten Kadaver. CAro DAta VERmibus – Fleisch, den Würmern gegeben. Lateinerscherz, sorry. Das Licht ging an, die Vorhänge auf, aber was wirklich anging, war ihr Haar. Draußen schien die Sonne, eine Kastanie bewegte die Zweige im Wind. Frühling, doch in der Klasse hatte sich eine Ahnung vom Tod eingeschlichen, der Zusammenhang zwischen Töten, Paaren, Fressen, Sichverwandeln, die gefräßige, sich bewegende Kette mit Zähnen, die das Leben ist. Die Klasse löste sich auf, wir blieben leicht verlegen stehen.

»Nächstes Mal Milben und Maden.«

Sie sagte es herausfordernd, als ob sie sehe, daß ich ein wenig angeschlagen war. Alles, was ich gesehen hatte, schien auf irgendeine Weise mit Wut zu tun zu haben. Wut, oder Wille. Diese mahlenden Kiefer, das mittelalterliche Aufeinanderkrachen der sich paarenden Harnische, die glänzenden, blinden Masken der Larven, die das Panzermaul ihrer Mutter ausleckten, das wahre Leben.

»The never ending story«, sagte ich. Genial, Sokrates. Noch was gedacht in letzter Zeit?

Sie blies die Wangen auf. Das tat sie, wenn sie nachdachte.

»Weiß ich nicht. Irgendwann einmal gibt es bestimmt ein Ende. Es hat doch auch mal einen Anfang gegeben.« Und wieder dieser herausfordernde Blick, als hätte sie gerade die Vergänglichkeit erfunden und wollte die mal an einem Humanisten ausprobieren. Aber so schnell ließ ich mich nicht aus dem Grab jagen.

»Läßt du dich einäschern?« fragte ich. Mit dieser Frage kann man sich in jeder Gesellschaft sehen lassen. Der Körper des Angesprochenen wird zu Materie degradiert, die zu einem bestimmten Zeitpunkt beiseite geschafft werden muß, und das hat vor allem in erotischen Situationen etwas Pikantes.

»Wieso?« fragte sie.

»Ich habe einen Pathologen sagen hören, daß das wehtut.«

»Unsinn. Na gut, vielleicht spürt man lokal noch was.«
»Lokal?«
»Na ja, wenn man ein Streichholz abbrennen läßt, wird es ganz krumm, das gibt natürlich eine enorme Spannung im Material.«
»Ich habe in Nepal mal eine öffentliche Verbrennung erlebt, an einem Fluß.« Das war gelogen, ich hatte es nur gelesen, aber ich sah den brennenden Holzstoß.
»Oh. Und was passierte da?«
»Der Schädel explodierte. Ein wahnsinniges Geräusch. Als ob man eine riesengroße Kastanie geröstet hätte.«
Sie mußte lachen, und dann erstarrte ihr Gesicht. Draußen auf dem Schulhof – ich weiß nicht, ob man den jetzt noch so nennt – liefen Arend Herfst und Lisa d'India in Sportkleidern. Das war legitim, er war der Trainer der Mannschaft. Herfst legte sich ins Zeug. Durch sein ewiges Grinsen hatte der Dichter Ähnlichkeit mit den Larven bekommen, die ich gerade gesehen hatte.
»Ist sie in deiner Klasse?« fragte Maria Zeinstra.
»Ja.«
»Was hältst du von ihr?«
»Sie ist die Freude meiner alten Tage.« Ich war in

den Dreißigern und sagte das ohne jegliche Ironie. Keiner von uns beiden schaute auf ihn, wir sahen, wie die Frau neben ihm den Raum draußen verschob, wie sich durch ihr Fortbewegen der Mittelpunkt des Schulhofs immer wieder verlagerte.

»Auch verliebt?« Es sollte spöttisch klingen.

»Nein.« Es war die Wahrheit. Wie bereits erklärt.

»Kann ich nächstes Mal in deine Stunde kommen?«

»Ich fürchte, du wirst nichts daran finden.«

»Das werd' ich schon selbst sehen.«

Ich sah sie an. Die grünen Augen halb hinter dem roten Haar verborgen, ein widerspenstiger Vorhang. Ein Sternenhimmel aus Sprossen.

»Dann komm, wenn Ovid dran ist. Da verwandelt sich auch etwas. Keine Ratten in Aaskugeln, aber immerhin ...«

Was sollte ich an diesem Nachmittag lesen? Phaëthon, die halbe Erde, die im Feuer vergeht? Oder die Schrecken der Unterwelt? Ich versuchte mir vorzustellen, wie sie in meiner Klasse sitzen würde, aber es gelang mir nicht.

»Also, bis dann«, sagte sie und ging. Als ich später ins Lehrerzimmer kam, sah ich, daß sie in ein unerfreuliches Gespräch mit ihrem Mann verwickelt war. Sein ewiges Grinsen hatte jetzt et-

was Höhnisches an sich, und zum erstenmal sah ich, daß sie verletzlich war.
»Bei tragischen Gesprächen mußt du deinen Trainingsanzug ausziehen«, wollte ich zu ihm sagen, aber ich sage nie, was ich denke.

Das Leben ist ein Eimer Scheiße, der immer voller wird und den wir bis zum Ende mitschleppen müssen. Das soll der heilige Augustinus gesagt haben, ich habe den lateinischen Text leider nie nachgeprüft. Wenn er nicht apokryph ist, steht er natürlich in den *Confessiones*. Ich hätte sie schon längst vergessen haben müssen, es ist so lange her. Kummer hat etwas in den Linien deines Gesichts zu suchen, nicht in deiner Erinnerung. Außerdem ist das altmodisch, Kummer. Man hört fast nie mehr etwas davon. Und bürgerlich. Schon zwanzig Jahre keinen Kummer mehr gehabt. Es ist kühl hier oben, ich bin im Park hinter einem weißen Pfau hergegangen (warum gibt es nicht für *alle* weißen Tiere ein spezielles Wort, warum nur für Pferde?), als wäre das meine Lebensaufgabe, und jetzt sitze ich auf der Außenmauer des Kastells und blicke über die Stadt, den Fluß, die Fläche des Meeres dahinter. Oleander, Frangipani, große Ulmen. Neben mir sitzt ein Mädchen und schreibt. Das Wort Abschied umschwebt mich, und ich kann es nicht fassen. Diese ganze Stadt ist Abschied. Der Rand Europas, das letzte Ufer der ersten Welt, dort, wo der angefressene Kontinent langsam im Meer versinkt, zerfließt, in den großen Nebel hinein, dem der Ozean heute gleicht. Diese Stadt gehört nicht zum Heute, es ist hier früher, weil es später ist. Das banale Jetzt hat noch nicht begonnen, Lissabon zaudert. Das muß es sein, diese Stadt zögert den Abschied hinaus, hier nimmt Europa Abschied von sich selbst. Träge Lieder, sanfter Verfall, große Schönheit. Erinnerung, Aufschub der Metamorphose. Nichts dergleichen würde ich je in Dr. Strabo's Reiseführer bringen. Ich schicke die Trottel in die Fado-Lokale, zu ihrer vorgekauten Portion *saudade*. Slauerhoff und Pessoa behalte ich für mich selbst, ich erwähne sie, ich schicke das Volk in die Mouraria oder ins Café A Brasileira, und ansonsten beiße ich mir lieber die Zunge ab. Von mir werden sie nichts davon zu hören bekommen, von den Seelenverwandlungen des alkoholsüchtigen Dichters, des fließenden, vielgestaltigen Ich, das in all seinem düsteren Glanz hier noch immer durch die Straßen streift, sich unsichtbar in Zigarrenläden, an Kais, Mauern, in finsteren Kneipen festgesetzt hat, wo Slauerhoff und er sich vielleicht begegnet sind, ohne etwas voneinander zu wissen.

Das fließende Ich, das kam nach jenem ersten

und einzigen Mal zur Sprache, als sie bei mir in der Klasse war. Mit so etwas brauchte man ihr nicht zu kommen, und ich kann nie erklären, was ich damit meine. *Regia Solis erat sublimibus alta columnis ... Metamorphosen*, Buch II, so hatte meine Stunde begonnen, und Lisa d'India hatte mit ihrer hohen, hellen Stimme übersetzt. »Der Palast der Sonne stand hoch auf hochstrebenden Säulen ...«, und ich hatte gesagt, daß ich »stolz« besser fände als »hoch«, weil »hochstreben« so häßlich sei und man schon allein deswegen das zweimalige »hoch« vermeiden sollte, und sie hatte sich auf die Lippe gebissen, als müsse die entzwei, und wiederholt: »Der Palast der Sonne stand stolz auf hohen Säulen ...«, und erst da hatte ich mit meinem sokratischen Hundekopf begriffen, daß ich der einzige war, der noch nichts von diesem Verhältnis wußte, und daß d'India wußte, daß Zeinstra es wußte, und daß Zeinstra wußte, daß d'India wußte, daß sie es wußte, und all das, während ich dröhnend weiter über die *fastigia summa* sprach und über Triton und Proteus und Phaëthon, der langsam den steilen Weg zum Palast seines Vaters emporstieg und nicht näher herankam wegen des allesverzehrenden Lichts, das im Hause des Sonnengotts herrscht. Drittklassiges Drama in den Bänken vor mir nicht sehen, lauthals tönen von Phaëthons

Schicksal. Je bereut? Nie! Nie? Jeder Schwachkopf hätte die Angst in d'Indias Augen gesehen, und natürlich sehe ich sie noch immer, Augen wie bei einem angeschossenen Hirsch, die Stimme klar wie immer, aber viel leiser als sonst. Nur, dahinter sah ich andere Augen, und diesen Augen erzählte ich von dem Göttersohn, der nur einmal mit dem Sonnenwagen des Vaters die Erde umrunden will.

Natürlich weiß man, daß es schlecht ausgehen wird, daß der törichte Sohn des Apoll mitsamt seinem goldenen Wagen und den feuerspeienden Pferden herabstürzen wird. Wie ein tanzender Derwisch sprang ich vor der Klasse hin und her, dies war meine große Erfolgsnummer, die purpurnen Tore der Aurora flogen auf, und hindurch raste der Verdammte mit seinen Pferden in juwelenbesetzten Geschirren, der ärmliche Nachkömmling auf seiner Todesfahrt. Noch Millionen von Malen würde er in diesen Hexametern untergehen, doch von dem einmaligen Fernsehdrama vor mir sah ich nichts und schon gar nicht die Rolle, die *ich* darin spielen sollte, ich war es, der in diesem von Gold und Silber und Edelsteinen gleißenden Wagen saß und das unzähmbare Vierergespann durch die fünf Bezirke des Himmels lenkte. Was hatte mein Vater, der Sonnengott, gesagt? Nicht zu hoch, sonst verbrennst du den

Himmel, nicht zu tief, sonst zerstörst du die Erde … doch ich bin schon fort, ich rase durch die Lüfte, umgeben von schallendem Wiehern, ich sehe die stürmenden Hufe, die die Wolken wie mit Messern aufreißen, und schon ist es passiert, der Wagen fliegt am Himmel entlang, ist bereits aus seiner ewigen Bahn geschleudert, das entfesselte Licht lodert in alle Richtungen, die Pferde treten ins Leere, die Hitze versengt das Fell des Bären, ich spüre, wie die Finsternis mich herabzieht, ich weiß es, ich werde stürzen, Länder, Berge, alles schießt in einer Bahn der Verwirrung an mir vorüber, das Feuer, das ich ausstrahle, setzt die Wälder in Brand, ich sehe den schwarzen, giftigen Schweiß des riesenhaften Skorpions, der den Schwanz nach mir reckt, die Erde steht in Flammen, die Felder werden zu weißer Asche versengt, der Ätna speit Feuer nach mir, das goldene Samt des Tejo schmilzt, das Eis schmilzt auf den Bergen, die Flüsse treten schäumend über die Ufer, ich ziehe die wehrlose Welt in mein Schicksal hinein, der Wagen unter mir glüht vor Hitze, der babylonische Euphrat brennt, der Nil flieht in Todesangst und verbirgt seine Quelle, alles Seiende wehklagt, und dann schleudert Jupiter seinen todbringenden Blitz, der mich durchbohrt und versengt und aus dem Wagen des Lebens schleudert, die Pferde reißen sich los, und ich stürze wie ein brennender Stern zur Erde, mein Körper schlägt in einen zischenden Strom, meine Leiche ein verkohlter Stein im Wasser ... Plötzlich merke ich, wie still es in der Klasse ist. Sie sehen mich an, als ob sie mich noch nie gesehen hätten, und um mir wieder Haltung zu geben, drehe ich allen Augen, auch den grünen, den Rücken zu und schreibe an die Tafel, als stünde es nicht schon in dem Buch, das vor ihnen liegt:

HIC · SITUS · EST · PHAËTHON · CURRUS
AURIGA · PATERNI
QUEM · SI · NON · TENUIT · MAGNIS
TAMEN · EXCIDIT · AUSIS

Hier liegt Phaëthon: Er fuhr in Phoibos' Wagen, er scheiterte, aber hatte es zumindest gewagt. Metrisch stimmte es hinten und vorne nicht. Und daß es Wassernymphen waren, die mich (ihn!) bestatteten, hatte ich weggelassen, warum, mag der Himmel wissen.

Als es klingelte, war die Klasse sofort verschwunden, schneller als sonst. Maria Zeinstra trat zu mir ans Pult und fragte: »Regst du dich immer so auf?«

»Sorry«, sagte ich.

»Nein, ich fand das gerade so toll. Und es ist eine phantastische Geschichte, ich kannte sie noch nicht. Geht sie noch weiter?«

Und ich erzählte ihr von Phaëthons Schwestern, den Heliaden, die sich aus Trauer über den Tod ihres Bruders in Bäume verwandelten. »Genauso wie deine Ratte in Larven und dann in Käfer.«

»Mit einem Umweg. Aber es ist nicht dasselbe.«

Ich wollte ihr erzählen, wie prachtvoll Ovid diese Verwandlung in Bäume beschreibt, wie ihre Mutter, während dieser Prozeß noch im Gange ist, die Mädchen küssen will und Rinde und Zweige abreißt, und wie dann blutige Tropfen aus den Zweigen hervorquellen. Frauen, Bäume, Blut, Bernstein. Doch es war so schon kompliziert genug.

»Diese ganzen Verwandlungen bei mir sind Metaphern für die Verwandlungen bei dir.«

»Bei mir?«

»Na ja, in der Natur. Nur ohne Götter. Niemand tut es für uns, wir tun es selbst.«

»Was?«

»Uns verwandeln.«

»Wenn wir tot sind, ja, aber dafür brauchen wir dann Totengräber.«

»Ziemliche Arbeit, uns zusammenzurollen. Das gäbe eine ganz schön große Aaskugel. Rosa.« Ich sah es vor mir. Händchen nach innen gedreht, Denkerstirn im Bauch.

Sie lachte. »Dafür haben wir anderes Hilfspersonal. Maden, Würmer. Auch sehr fein.« Sie blieb stehen. Plötzlich sah sie wie vierzehn aus.

»Glaubst du, daß wir weiterexistieren?«

»Nein«, antwortete ich ihr wahrheitsgetreu. Ich bin mir noch nicht einmal ganz sicher, daß wir überhaupt existieren, wollte ich sagen, und dann sagte ich es doch.

»Ach so, *der* Schwachsinn.« Das klang sehr nordholländisch. Aber plötzlich packte sie mich an den Jackenaufschlägen.

»Gehst du mit, was trinken?« Und ohne Übergang, den Finger auf meine Brust gedrückt: »Und das? Existiert das etwa nicht?«

»Das ist mein Leib«, sagte ich. Es klang pedantisch.

»Ja, das hat Jesus Christus auch gesagt. Du gibst also wenigstens zu, daß der Leib existiert.«

»Aber ja.«

»Und wie nennst du das dann? Mich, ich, irgend so etwas?«

»Ist dein Ich denn dasselbe wie vor zehn Jahren? Oder in fünfzig Jahren?«

»Dann lebe ich hoffentlich nicht mehr. Aber sag doch mal genau – was glaubst du, sind wir?«

»Ein Bündel zusammengesetzter, sich ständig verändernder Gegebenheiten und Funktionen, das wir Ich nennen. Ich weiß auch nichts Besseres. Wir tun so, als sei es unveränderlich, aber es verändert sich ständig, bis es ausgelöscht wird. Aber wir sagen weiter Ich dazu. Eigentlich ist es eine Art Beruf des Körpers.«

»Hört, hört.«

»Nein, ich meine das ernst. Dieser mehr oder weniger zufällige Körper oder diese Ansammlung von Funktionen hat die Aufgabe, während seines Lebens Ich zu sein. Das kommt doch so etwas wie einem Beruf sehr nahe. Oder etwa nicht?«

»Meiner Meinung nach bist du ein bißchen meschugge«, sagte sie. »Aber du bist groß im Reden. Und jetzt will ich einen Schnaps.«

Gut, sie meinte, ich sei ein komisches Männeken, aber mein verkohlter Phaëthon hatte Eindruck auf sie gemacht, ich stand unübersehbar zur Verfügung und sie hatte Rache zu nehmen. Was griechische Dramen groß macht, ist, daß derlei psychologischer Unsinn darin keine Rolle spielt. Auch das hatte ich ihr sagen wollen, aber Konversation besteht nun einmal größtenteils aus den Dingen, die man nicht sagt. Wir sind Nachkömmlinge, wir haben keine mythischen Leben, nur psychologische. Und wir wissen alles, wir sind stets unser eigener einstimmiger Chor.

»An der ganzen Geschichte am schlimmsten finde ich«, sagte sie, »daß es so ein Klischee ist.«

Ich war mir gar nicht so sicher, ob das stimmte. Das Schlimmste war natürlich Lisa d'Indias Rätselhaftigkeit. Alles andere, jung, schön, Schülerin, Lehrer, das war das Klischee. Das Rätselhafte steckte in der Macht, die die Schülerin erlangt hatte.

»Kannst du das verstehen?«

Ja, das konnte ich sehr gut verstehen. Was ich nicht verstehen konnte, aber nicht sagte, war, weshalb sie sich ausgerechnet diesen Einfaltspinsel ausgesucht hatte, aber dafür hatte Plato bereits seine Zauberformel: »Liebe ist in dem, der liebt, nicht in dem, der geliebt wird.« Es würde künftig zu ihrem Leben gehören, es war ein Irrtum, der stand ihr zu. Mir war das nur recht, denn ich war zum erstenmal in meinem Leben in die Nähe von etwas gekommen, das wie Liebe aussah. Maria Zeinstra gehörte zu den freien Menschen und hielt das für selbstverständlich, sie war in allem äußerst direkt, ich kam mir vor, als hätte ich nun auch zum erstenmal etwas mit Niederländern zu tun, oder mit Volk. Aber so etwas kann man nicht sagen. Sie stand in erstarrter Tanzpose zwischen meinen vier Wänden mit den viertausend Büchern und sagte: »Ich würde mich selbst nicht gerade als Banausen bezeichnen, aber wenn ich *das* sehe ... Wohnst du hier allein?«

»Mit Fledermaus«, sagte ich. Fledermaus war

meine Katze. »Die wirst du wohl nicht zu Gesicht bekommen, sie ist sehr scheu.« Fünf Minuten später lag sie auf der Couch und Fledermaus ratzend auf ihr, letztes Sonnenlicht im roten Haar, das dadurch wieder anderes rotes Haar wurde, zwei sich windende Leiber, Geschnurre und Geschwatze, und ich stand daneben wie die Verlängerung meines Bücherschranks und wartete, bis ich zugelassen würde. Weibliche Bücherwürmer, leicht ätherisch, das war bisher meine Domäne gewesen, von verschämt bis verbittert, und alle hatten sie bestens erklären können, wo der Haken bei mir war. Stinkeigensinnig oder »Meiner Meinung nach merkst du nicht einmal, ob ich da bin« waren oft gehörte Klagen, neben »Mußt du jetzt schon wieder lesen?« und »Denkst du eigentlich je an jemand anders?« Nun, das tat ich, aber nicht an sie. Und außerdem, ja, ich mußte schon wieder lesen, denn die Gesellschaft der meisten Menschen liefert nach den vorhersehbaren Ereignissen keinen Anlaß zum Gespräch. Ich war folglich ein Meister im sogenannten Hinauskomplimentieren geworden, so daß mein Umgang sich schließlich auf menschliche Wesen weiblichen Geschlechts beschränkte, die darüber genauso dachten wie ich. Tee, Sympathie, Notwendigkeit, und danach das Umblättern von Seiten. Knurrende rothaarige Frauen, die alles über

Totengräber und Eikammern wußten, gehörten nicht dazu, vor allem nicht, wenn sie sich mit meiner Katze in einer wogenden Folge von Bäuchen, Brüsten, ausgestreckten Armen, lachenden grünen Augen über den Diwan rollten, mich an sich zogen, mir die Brille abnahmen, sich, wie ich aus den Farbveränderungen in meinem dämmrigen Blickfeld schloß, auszogen und alles mögliche sagten, das ich nicht verstehen konnte. Sogar ich habe an diesem Abend möglicherweise die Dinge gesagt, die Menschen unter solchen Umständen sagen, ich weiß nur noch, daß alles sich fortwährend veränderte und daß dies folglich so etwas Ähnliches sein mußte wie Glück. Hinterher hatte ich das Gefühl, ich hätte den Ärmelkanal durchschwommen, ich bekam meine Brille wieder und sah sie winkend davonziehen. Fledermaus sah mich an, als würde sie gleich zum erstenmal sprechen, ich trank eine halbe Flasche Calvados aus und spielte das *Ritorno di Ullisse in Patria*, bis die Leute unter mir zu klopfen begannen.

Erinnerung an Lust ist die schwächste, die es gibt, sobald diese Lust nur noch aus Gedanken besteht, verkehrt sie sich in ihr eigenes Gegenteil: sie wird abwesend, und damit undenkbar. Ich weiß, daß ich mich selbst plötzlich an diesem Abend sah, einen Mann, allein in einem Kubus, umgeben von unsichtbaren anderen in den Kuben daneben und von Zehntausenden von Buchseiten ringsum, auf denen die gleichen, aber andere, Gefühle echter oder erdachter Menschen beschrieben waren. Ich war von mir selbst gerührt. Nie würde ich eine von diesen Seiten schreiben, aber das Gefühl der vergangenen Stunden konnte mir niemand mehr nehmen. Sie hatte mir ein Gebiet gezeigt, das mir verschlossen gewesen war. Das war es noch immer, doch jetzt hatte ich es zumindest gesehen. Gesehen ist nicht das richtige Wort. Gehört. Sie hatte einen Laut von sich gegeben, der nicht zu dieser Welt gehörte, den ich nie zuvor gehört hatte. Es war der Laut eines Kindes und zugleich eines Schmerzes, zu dem keine Worte paßten. Wo dieser Laut herkam, war Leben unmöglich.

Abend in meiner Erinnerung, Abend in Lissabon. Die Lichter der Stadt waren angegangen, mein Blick war ein Vogel geworden, der ziellos über die Straßen flog. Es war kühl geworden, da oben, die Stimmen der Kinder waren aus den Gärten verschwunden, ich sah die dunklen Schatten von Liebenden, Standbilder, die sich aneinanderklammerten, sich träge bewegende Doppelmenschen. *Ignis mutat res*, murmelte ich, doch kein Feuer der Welt würde *meine* Materie noch verwandeln, ich war bereits verwandelt. Rings um mich wurde noch geschmolzen, gebrannt, da entstanden andere zweiköpfige Wesen, doch ich hatte meinen anderen, so rothaarigen Kopf schon vor so langer Zeit verloren, die weibliche Hälfte von mir war abgebrochen, ich war eine Art Schlacke geworden, ein Überbleibsel. Was ich hier tat, auf dieser von mir vielleicht gesuchten, vielleicht auch nicht gesuchten Fahrt, mußte eine Wallfahrt in jene Tage sein, und wenn das so war, dann mußte ich wie ein frommer Mensch des Mittelalters alle Stätten meines so kurzen Heiligenlebens aufsuchen, alle Stationen, an denen die Vergangenheit ein Gesicht hatte. Genau wie die Lichter unter mir würde ich in die Stadt ziehen bis zu dem Fluß, der breiten, geheimen Bahn Dunkelheit dort unten, über der sich bewegende Lichter ihre Spuren zogen, eine Schrift, leuchtende Buchstaben auf einer schwarzen Tafel. Immer wieder hatte sie diese kleinen Fährschiffe nehmen wollen, damals, in einer Orgie von Ankunft und Abschied. Mal sahen wir die Stadt entschwinden, mal die Hügel und Docks am anderen Ufer, so daß wir nur noch dem Wasser anzugehören schienen, zwei leichtsinnige Narren zwischen den Arbeitenden, Menschen, die nicht zur richtigen Welt gehörten, sondern zu den Messerstichen der Sonne im Wasser, dem

Wind, der an ihren Kleidern zerrte. Es war ihre Idee gewesen, sie hatte mich eingeladen. Wir sollten nicht gemeinsam reisen, sie mußte zu einem Biologenkongreß in Coimbra, danach würde sie noch ein paar Tage in Lissabon sein, ich sollte dort zu ihr kommen.

»Und dein Mann?«

»Basketballturnier.«

Rache kannte ich aus Aischylos, Basketball nicht. Um ihrer Nähe willen mußte ich den Schatten eines Dichters im Trainingsanzug ertragen, aber wer einmal die Gestalt eines Verliebten angenommen hat, ißt und trinkt alles, Teller voll Disteln, Fässer voll Essig. Am ersten Abend nahm ich sie mit ins *Tavares* in der Rua da Misericórdia. Tausend Spiegel und ein Schrank voll Gold. Es ist kein Masochismus, wenn ich heute abend wieder dorthin gehe. Ich gehe aus Gründen der Verifizierung. Ich will mich sehen, und tatsächlich, da bin ich, gespiegelt in einem Meer von Spiegeln, die mich immer weiter wegwerfen mit meinen Rükken, das Licht der Lüster in meinen tausend Brillengläsern. Umringt von immer mehr Obern werde ich zu meinem Tisch geleitet, Dutzende von Händen zünden Dutzende von Kerzen an, ich bekomme bestimmt zwölf Speisekarten und fünfzehn Gläser Sercial, und als sie endlich alle fort sind, sehe ich mich da sitzen, vielfach, vielseitig, meine unausstehliche Rückseite, meine verräterische Seitenansicht, meine unzähligen Arme, die sich nach meinem einen Glas, meinen zahllosen Gläsern ausstrecken. Aber sie ist nicht da. Nichts können Spiegel, nichts können sie festhalten, keine Lebenden und keine Toten, es sind elende gläserne Lakaien, Zeugen, die fortwährend Meineide schwören.

Sie wurde ganz aufgeregt, damals, sie hielt den Kopf immer wieder anders, schaute aus verschiedenen Blickwinkeln, taxierte ihren Körper, wie nur Frauen das können, sah ihn, wie andere ihn sahen. Mit all diesen rothaarigen Frauen würde ich an diesem Abend schlafen, sogar mit der fernsten, dort ganz hinten, rote Flecken im schwarzen Feld der hin und her eilenden Ober, und ich, ich wurde immer kleiner, und während sie ihre Hand auf meine legte und all diese Hände zärtlich durch das Bild wimmelten, schloß ihr Blick mich aus, meine Dimensionen schwanden, während ihre wuchsen, sie sog die Blicke der Gäste und Ober in sich ein, sie hatte noch nie so sehr existiert. So voll machte sie die Spiegel, daß ich sie jetzt noch darauf suche, doch ich sehe sie nicht. Irgendwo in der archivalischen Software hinter dieser glänzenden Stirn des Mannes, der mich ansieht, dort hält sie sich auf, redend, lachend, essend, mit den Obern flirtend, eine Frau, die mit ihren ach so weißen Zähnen in den Portwein beißt, als wäre er aus Fleisch. Ich kenne diese Frau, sie ist noch nicht die Fremde von später.

Spazierengegangen waren wir an jenem Abend, sogar nach zwanzig Jahren brauchte ich keine Brotkrumen, um den Weg wiederzufinden, ich folgte der Route meines Verlangens. Ich wollte zu diesem merkwürdigen Vorbau am Praça do Comércio, wo zwei Säulen im sanft wogenden Wasser stehen wie ein Tor zum Ozean und der restlichen Welt. Der Name des Diktators steht da, aber er selbst ist verschwunden mitsamt seinem anachronistischen Imperium, das Wasser nagt leise an diesen Säulen. Findest du dich noch in meinen Zeiten zurecht? Sie gehören jetzt alle der Vergangenheit an, ich war für einen Moment entfleucht, entschuldige bitte. Hier bin ich wieder, das Unvollendete, das in der Vergangenheit über die Vergangenheit nachdenkt, Imperfekt über Plusquamperfekt. Dieses Präsens war ein Irrtum, das gilt nur dem Jetzt, gilt dir, auch wenn du keinen Namen hast. Wir sind hier schließlich beide präsent, noch.

Ich setzte mich, wo ich mit ihr gesessen hatte, und beschwor sie in Gedanken, doch sie kam nicht, alles, was mich umgab, war ein Fächer ohnmächtiger Worte, die noch ein einziges Mal die Farbe ihres Haares benennen wollten, ein

Wettstreit zwischen Zinnoberrot, Kastanie, Blutrot, Rosarot, Rost, und nicht *eine* dieser Farben war ihre Farbe, ihr Rot entglitt mir, sowie ich es nicht mehr sehen konnte, und dennoch suchte ich weiter nach etwas, das sie zumindest äußerlich festlegen könnte, als sollte an diesem Ort des Abschieds ein Protokoll geschrieben werden, als wäre es Arbeit, *officium*. Doch was ich auch tat, der Platz neben mir blieb leer, genauso leer wie der Stuhl neben dem Standbild Pessoas vor dem Café A Brasileira in der Rua Garrett. Der hatte seine Einsamkeit zumindest selbst gewählt, wenn jemand neben ihm gesessen hätte, wäre er selbst es gewesen, eines seiner drei anderen Ich, die sich gemeinsam mit ihm schweigend und mit Bedacht in der dunklen Spelunke dahinter zu Tode gesoffen hatten, zwischen den hohen Stühlen mit dem schwarzen Leder und den kupfernen Knöpfen, den verzerrenden Spiegeln der Heteronyme, den durch die Luft schwebenden griechischen Tempeln an den Wänden und der schweren Uhr von A. Romero hinten im schmalen Saal, die von der Zeit trank wie die Gäste von dem schwarzen, süßen Todestrank in den kleinen, weißen Tassen.

Ich versuchte mich zu erinnern, worüber wir an jenem Abend gesprochen hatten, aber wenn es nach meiner Erinnerung ging, so hatten wir über nichts gesprochen, wir hatten da stumm zwischen den selben gesessen, die jetzt da saßen, dem eingenickten Losverkäufer, den flüsternden Matrosen am Rande des Wassers, dem einsamen Mann mit seinem ach so leisen Radio, den beiden Mädchen mit ihren Geheimnissen. Nein, diese Nacht gab die Worte nicht zurück, sie schwebten irgendwo anders in der Welt, sie waren gestohlen für andere Münder, andere Sätze, sie waren Teil von Lügen geworden, von Zeitungsmeldungen, Briefen, oder sie lagen an irgendeinem Strand am anderen Ende der Welt, angespült, leer, unverständlich.

Ich stand auf, fuhr mit den Fingern über die fast abgegriffenen Worte in der Säule, die von dem Reich sprachen, das nie untergehen würde, sah, wie das Wasser im Dunkel fortströmte und die Stadt hinter sich ließ wie ein schlafendes Knochengerüst, eine Hülse, in der ich mich verkriechen würde, als stünde mein Bett nicht in einer anderen Stadt, an einem anderen, nördlichen Wasser. Der Nachtportier grüßte mich, als hätte er mich auch gestern und vorgestern gesehen, und gab mir, ohne daß ich danach zu fragen brauchte, den Schlüssel zu meinem Zimmer. Ich machte das Licht nicht an und tastete mich vor, jemand, der gerade erblindet ist. Ich wollte mich nicht im Spiegel sehen, und ich wollte auch nicht mehr lesen. Es war kein Raum mehr für Worte. Wie lange ich geschlafen habe, weiß ich nicht, aber wieder war es, als zöge eine unvorstellbare Kraft mich mit oder als triebe ich in einer Brandung, gegen die ein kümmerlicher Schwimmer wie ich nichts ausrichten konnte, eine große, alles verschlingende Woge, die mich an einen verlassenen Strand warf. Da lag ich ganz still, das Wasser rann mir übers Gesicht, und durch diese Tränen sah ich mich in meinem Zimmer in Amsterdam liegen. Ich schlief und rollte den Kopf hin und her und heulte, in der Linken hielt ich noch das Foto aus dem *Handelsblad*. Ich sah auf den roten japanischen Wecker, der immer neben meinem Bett steht. Was ist das für eine Zeit, in der sich die Zeit nicht bewegt? Es war noch nicht später geworden, seit ich schlafen gegangen war. Die dunkle Form an meinen Füßen mußte Nachteule sein, die Nachfolgerin von Fledermaus. Ich sah, daß der Mann in Amsterdam wach werden wollte, sich bewegte, als ob er mit jemandem ringe, seine Rechte tastete nach der Brille, aber nicht er war es, der das Licht anknipste, das war ich, hier in Lissabon.

This is, I believe, it:
not the crude anguish of physical death
but the incomparable pangs
of the mysterious mental maneuver
needed to pass
from one state of being to another.
Easy, you know, does it, son.

Vladimir Nabokov,
Transparent Things

II

Wer gewohnt ist, mit einer Klasse von dreißig Schülern fertig zu werden, hat gelernt, schnell zu schauen. Ein Junge, zwei alte Männer, zwei meines Alters. Die Frau, die etwas abseits stand, mit einem Gesicht wie eine Galionsfigur, konnte ich nicht einschätzen: Vielleicht war dieser erste Eindruck noch der beste, eine Galionsfigur. Sie winkte dem kleinen Boot, das uns zu dem größeren Schiff bringen sollte, das weiter oben im Fluß ankerte. Es war noch früh, leichter Nebel, das Schiff eine umflorte schwarze Form. Was mir am meisten auffiel, war der Ernst des Jungen, zwei Augen wie Gewehrläufe. Ich kenne solche Augen, man sieht sie auf der Meseta, der spanischen Hochebene. Es sind Augen, die in die Ferne schauen können, ins weiße Licht der Sonne. Gesprochen wurde noch nicht. Wir wußten sofort, daß wir zueinander gehörten. Meine Träume haben immer auf unangenehme Weise dem Leben geglichen, als könnte ich mir nicht einmal im Schlaf etwas ausdenken, doch jetzt war es umgekehrt, jetzt glich mein Leben endlich einem Traum. Träume sind geschlossene Systeme, in ihnen stimmt alles.

Ich sah zu der lächerlichen Christusfigur, die

hoch oben am Südufer stand, Arme weit ausgebreitet, fertig zum Sprung. »Fertig zum Sprung«, das hatte sie gesagt. Jetzt, wo ich die Figur sah, wußte ich plötzlich wieder, worüber wir gesprochen hatten an jenem Abend am Wasser. Sie hatte mir alles mögliche erklären wollen von Gehirnen, Zellen, Impulsen, dem Stamm, der Rinde, diesem ganzen raffinierten Fleischerladen, der angeblich unser Tun und Lassen steuert und kontrolliert, und ich hatte ihr gesagt, ich fände Worte wie graue Masse einfach gräßlich und bei Zellen müsse ich an Gefängnisse denken und ich hätte Fledermaus regelmäßig so einen blutig durchäderten kleinen Pudding gegeben, kurz, ich hatte klargestellt, daß es für meine Gedankengänge nicht wesentlich sei zu wissen, in welchen schwammigen Höhlen sie sich im einzelnen abspielten. Daraufhin hatte sie gesagt, ich sei noch schlimmer als ein Mensch aus dem Mittelalter, das Messer des Vesalius hätte geistig Minderbemittelte wie mich schon vor Jahrhunderten aus ihrem geschlossenen Körper befreit. Darauf hatte ich natürlich entgegnet, all ihre noch so scharfen Messer und Laserstrahlen hätten bislang nicht das verborgene Königreich der Erinnerung gefunden und Mnemosynè sei für mich unendlich realer als die Vorstellung, daß alle meine Erinnerungen, auch die Erinnerungen, die ich später, irgendwann einmal, an sie haben würde, in einer Spardose aufbewahrt werden müßten aus grauer, beiger oder cremefarbener schwammiger und reichlich schleimiger Materie, und daraufhin hatte sie mich geküßt, und ich hatte noch etwas zu diesen fordernden, suchenden, verlangenden Lippen gebrabbelt, aber sie hatte meinen Mund, diesen ewigen Schwätzer, einfach zugebissen, und wir waren dort sitzen geblieben, bis die Morgenröte mit ihren rosigen Fingern auf die Christusfigur am anderen Flußufer gedeutet hatte.

Aber das alles war damals. Der alte Fährmann, der uns nun übersetzen sollte, ließ den Motor an, die Stadt rückte schaukelnd von uns weg. Auch auf dem größeren Schiff blieben wir beieinander, Besatzungsmitglieder wiesen uns die Kajüten zu, und wenige Minuten später waren wir wieder auf dem Achterdeck, jeder an einem selbstgewählten Platz an der Reling, ein merkwürdiges Siebengestirn, eine Konstellation, in der der Junge den entferntesten Stern bildete, da er sich am äußersten Ende des Hecks hingestellt hatte, als sollte sein schmaler Rücken den Fluchtpunkt der Welt markieren.

Als er sich umblickte, wußte ich, wen *ich* sah, es war das Profil des Ikarus aus dem Relief der Villa Albani in Rom, der Körper noch beinahe der eines Kindes, der Kopf bereits zu groß, die Rechte auf dem Schicksalsflügel ruhend, den sein Vater fast fertiggestellt hat. Und als läse er meine Gedanken, legt der Junge seine Hand jetzt auf den Flaggenstock ohne Flagge, der auf die entschwindende Welt zeigt. Denn so war es, wir standen still, und der Turm von Belém, die Hügel der Stadt, die weite Mündung des Flusses, die kleine Insel mit dem Leuchtturm, das alles wurde zu einem Punkt hin gesogen, die Zeit tat etwas mit der sichtbaren Welt, bis diese nur noch ein flüchtiges, langes Ding war, das sich immer träger dehnen ließ. Eine Trägheit, die Schnelligkeit war, du weißt das besser als jeder andere, weil du immer in dieser Traumzeit leben mußt, in der Schrumpfen und Dehnen sich nach Belieben aufheben. Weg, verschwunden war jetzt der letzte Seufzer des Landes, und noch immer standen wir unbeweglich da, nur der Schaum hinter dem Schiff und der erste Tanz der starken Dünung straften den Stillstand Lügen. Das Wasser des Ozeans schien schwarz, es schwankte, wogte, flutete in sich selbst weg, wollte sich immer wieder mit sich selbst bedecken, fließende, glänzende Platten aus Metall, die lautlos einstürzten, ineinander übergingen, füreinander Mulden gruben und sich darin ergossen, die unerbittliche, endlose Veränderung im Immergleichen. Wir starrten alle darauf, alle diese verschiedenen Augen,

die ich in den Tagen danach so gut kennenlernen sollte, schienen vom Wasser verzaubert.
Tage, jetzt, wo ich das Wort laut ausspreche, höre ich, wie schwerelos es klingt. Würde man mich fragen, was am schwersten ist, so würde ich sagen, der Abschied vom Maß. Wir kommen nicht ohne aus. Das Leben ist uns zu leer, zu offen, wir haben alles mögliche ersonnen, um uns daran festzuhalten, Namen, Zeiten, Maße, Anekdoten. Laß mich also, ich habe nichts anderes als meine Konventionen und sage also einfach weiter Tag und Stunde, auch wenn sich unsere Reise um deren Schreckensherrschaft nicht zu kümmern schien. Die Sioux hatten kein Wort für Zeit, aber so weit bin ich noch nicht, wenngleich ich schnell lerne. Manchmal war alles endlose Nacht, und dann wieder huschten die Tage wie scheue Momente am Horizont vorbei, gerade genug, um den Ozean zweimal in die verschiedensten Rottöne zu tauchen und dann wieder der Dunkelheit auszuliefern.
In den ersten Stunden sprachen wir nicht miteinander. Ein Priester, ein Pilot, ein Kind, ein Lehrer, ein Journalist, ein Gelehrter. Das war die Gruppe, jemand oder niemand hatte es so beschlossen, in diesem Spiegel sollten wir uns spiegeln. Du wußtest, wohin wir fuhren, und es war genug, daß du es wußtest. Aber so kann ich nicht

mit dir sprechen, du kannst nicht gleichzeitig in und außerhalb dieser Geschichte sein. Und ich bin nicht allmächtig, weiß also nicht, was sich in den verborgenen Gedanken der anderen abspielte. Soweit ich es an mir selbst messen konnte, herrschte eine Ruhe, wie zumindest ich sie nie gekannt hatte. Jeder schien mit irgend etwas beschäftigt, schien an einem tieferen Gedanken oder einer Erinnerung zu kauen, manchmal verschwanden sie für längere Zeit irgendwo auf dem Schiff, oder man sah in der Ferne jemanden mit einem Besatzungsmitglied sprechen oder auf der Brücke auf und ab gehen. Der Junge stand oft auf dem Vordeck, niemand störte ihn da, der Priester las in einer Ecke des Salons, der Gelehrte blieb meist in seiner Kajüte, der Pilot starrte nachts durch das Teleskop neben dem Ruderhaus, der Journalist würfelte mit dem Barkeeper und trank, und ich blickte über die ewig wogenden Tücher, dachte nach und übersetzte die bösen *Oden* aus Buch III. Ja, von Horaz, von wem sonst. Der Verfall Roms, Geilheit, Untergang, Degenerierung. *Quid non imminuit dies*? Was wird nicht von der Zeit zerstört?

»Warum übersetzen Sie *dies* mit Zeit?« hatte Lisa d'India gefragt. Auch jetzt noch, auf dieser Reise, mußte ich über ihre Frage lachen. Ihre Tage waren vorbei, sie hatte schon so lange keine Zeit

mehr, und doch hatten wir einmal, eines Tages, am Pult gestanden, sie mit der reimenden Übersetzung von James Michie aus den Penguin Classics, ich mit meinen eigenen hingekritzelten Zeilen, und selbst hier kann ich ihre Stimme noch hören, die Graviernadel jener fünf lateinischen Wörter, *damnosa quid non imminuit dies*?, gefolgt von der nördlichen Zeile, die neun Wörter benötigte, um dasselbe zu sagen: *Time corrupts all. What has it not made worse*?
Ich hatte etwas Brillantes sagen wollen über die Singularform des einen Tages, die für die Überfülle an Zeit stehen kann, in der alle Tage enthalten sind, und hatte mich in allerlei Unsinn verstrickt über den Kalender als Zählrahmen für das, was nicht zu zählen ist, und plötzlich hatte ich in ihren Augen die Enttäuschung gesehen, den Augenblick, in dem der Schüler merkt, daß der Lehrer um das Rätsel herumredet und selbst keine Antwort weiß. Ich dozierte noch eine Weile weiter über Stunde und Dauer, doch meine Ohnmacht hatte ich bereits verraten. Als sie wegging, eine Frau, wußte ich, daß ich ein Kind enttäuscht hatte, und auch das gehört zu meinem Beruf, Minderjährige zu verderben. Mit dem Abbröckeln der eigenen Autorität verweist man sie in eine Welt ohne Antworten. Es ist nicht schön, Menschen erwachsen zu machen, vor allem

nicht, wenn sie noch glänzen. Aber ich bin schon so lange kein Lehrer mehr.

Der Priester ging an der Reling entlang. Dem Anschein nach war er fast schwerelos, schwebte ein wenig durch die Bewegung des Schiffs. Dom Antonio Fermi, so hatte er sich vorgestellt, und als ich leicht überrascht aufschaute bei diesem DOM, hatte er gesagt, *Dominus*, vom Orden der Benediktiner. Fermi, Harris, Deng, Mussert, Carnero, Dekobra, diese Wörter waren unsere Namen. Wir hatten einander Bruchstücke unseres Lebens serviert und fuhren jetzt alle mit diesen fremden, noch nicht verdauten Brocken über das Meer. Es hätten auch andere Leben sein können, andere Formen des Zufalls. Wenn man nicht alleine reist, ist man auf jeder Reise mit Fremden zusammen.

»Ich sah Sie Selbstgespräche führen«, sagte er.

Noch einmal, nun aber laut, sprach ich den letzten Vers der sechsten Ode, diesen Luxus ließ ich mir nicht entgehen, ich begegne nicht jeden Tag jemandem, für den Latein noch eine lebende Sprache ist. Bei der zweiten Zeile fiel er mit seiner dünnen Altmännerstimme ein, zwei römische Reiher auf See.

»Ich wußte nicht, daß Benediktiner Horaz lesen.«

Er lachte. »Man ist immer erst etwas anderes,

bevor man Benediktiner wird«, und tanzte davon. Jetzt wußte ich wieder etwas mehr über ihn, doch was sollte ich mit all diesen Informationen? War dies nicht eine Reise, die ich allein hätte machen sollen? Was hatte ich mit ihnen, was hatten sie mit mir gemein? »Ich hatte wohl tausend Leben und nahm nur eines«, hatte ich einmal in einem Gedicht gelesen. Sollte das in diesem Fall heißen, daß ich ihre Leben auch hätte haben können? Ich hatte natürlich genausowenig den Beschluß gefaßt, im zwanzigsten Jahrhundert in den Niederlanden geboren zu werden, wie Professor Deng sich für China entschieden hatte. Die Chance für Pater Fermi, als Katholik zur Welt zu kommen, war in Italien natürlich größer gewesen als anderswo, aber Italien an sich oder das zwanzigste Jahrhundert anstatt des dritten oder des dreiundfünfzigsten, das unterlag natürlich wieder den Gesetzen des Zufalls. Unerträglich. Man existierte bereits zu einem großen Teil, bevor man selbst zum Zuge kam. Alonso Carnero konnte nichts dafür, daß seine Großmutter im Spanischen Bürgerkrieg von den Faschisten erschossen worden war, und so konnten wir damit fortfahren, uns gegenseitig den Spiegel unserer exemplarischen Zufälligkeit vorzuhalten. Wenn ich »ich« zur Person von Peter Harris hätte sagen müssen, so wäre ich nicht nur ein Trunkenbold und Frauenheld gewesen, sondern auch ein Fachmann für die Verschuldung der Dritten Welt, und wenn ich Captain Dekobra gewesen wäre, hätte ich nicht nur einen kerzengeraden Körper besessen und bohrende eisblaue Augen, sondern dann hätte ich auch unzählige Male in einer DC-8 eben diesen Ozean überquert, über den ich jetzt in der metallenen Hülle dieses namenlosen Schiffes kroch. Wenn ich mich in ihre Leben vertiefen würde, bräuchte ich ein Leben, so lang wie das ihre, dafür, und weil das nicht möglich war, blieb man mit unsinnigen Bruchstücken sitzen, *faits divers*.

Professor Deng hatte einst über den Vergleich zwischen westlicher und chinesischer Astronomie der Frühzeit promoviert. Phantastisch. Harris mochte keine blonden Frauen und lebte daher in Bangkok. Herzlichen Glückwunsch. Er reiste als Journalist durch die Dritte Welt. »Ihre Schulden – mein Brot.« Zweifellos. Und Pater Fermi war einst schlichtweg ein Laienpriester am Mailänder Dom gewesen. »Kennen Sie den Dom?« Und ob. Ich hätte ihm gern Dr. Strabo's seelenlosen *Reiseführer für Norditalien* geschenkt, in dem es mir gelungen war, aus diesem lyrischen, steinernen Mastodonten eine Art Woolworth zu machen, durch das man die Touristen jagen konnte.

»Dieses Bauwerk bedeutete für mich die Hölle.«

Starke Worte für einen Priester. »Jahrelang habe ich da die Beichte abgenommen. Das brauchten Sie zumindest nie zu tun.« Das stimmte. Ich versuchte es mir vorzustellen, aber es gelang mir nicht.

»Wenn ich den Dom aus der Sakristei betrat, war mir schon übel. Ich hatte das Gefühl, als wäre ich ein Putzlumpen auf dem Boden, an dem die Leute ihre Leben abstreiften. Sie wissen nicht, wozu Menschen imstande sind. Sie haben auch nie diese Gesichter aus so großer Nähe gesehen, diese Scheinheiligkeit, Geilheit, die miefigen Betten, die Geldgier. Und immer wieder kamen sie zu mir, und immer wieder war man gezwungen, ihnen zu vergeben. Aber dadurch wurde man auf grauenhafte Weise mitschuldig, man wurde ein Teil der Beziehung, die sie nicht lösen konnten, ein Teil der Schmierigkeit ihres Wesens. Ich bin geflüchtet, ich bin ins Kloster gegangen, ich konnte menschliche Stimmen nur noch ertragen, wenn sie sangen.« Und auch jetzt war er davongetanzt.

Dieser Platz da an der Reling war *mein* Beichtstuhl. Ich hatte entdeckt, daß die anderen von selbst kamen, wenn man sich stets an denselben Platz stellte. Nur Alonso Carnero kam nie. Er hatte seinen eigenen Platz. Einmal war ich zu ihm gegangen. Die Frau hatte neben ihm gestanden, gemeinsam blickten sie in das schwarze Loch der Nacht. Es waren keine Sterne zu sehen, und zum erstenmal hatte ich ein körperliches Gefühl von Unterwelt. Je länger die Reise dauerte, desto realer schien alles zu werden, was ich der Klasse früher einmal als Dichtung vorgetragen hatte. Der Ozean war, wie Phaëthons Todesfahrt, eine meiner Glanznummern gewesen, ich konnte ihn sogar nachmachen, wie er schwarz und böse und sich bewegend die flache Erde umschlang, das angsteinflößende Element, in dem die bekannten Dinge ihre Konturen verlieren, das formlose Überbleibsel der Urmaterie, aus der alles entstanden war, das Chaos, die gefährliche Schattenseite der Welt, das, was unsere Vorfahren die Sünde der Natur genannt hatten, die ewige Drohung einer neuen Sintflut. Und dahinter, im Westen, wo die Sonne unterging und das Licht sich davonstahl und die Menschen diesem anderen formlosen Element, der Nacht, überließ, lag das Meer, in dem Atlas stand und das seinen Namen trug, und dahinter das dunkle Land des Todes, der Tartaros, wohin Saturn verbannt worden war, *Saturno tenebrosa in Tartara misso*, ich glaube nicht, daß ich je werde klarmachen können, mit welcher Wollust ich Latein aussprach. Es hat etwas mit körperlichem Genuß zu tun, eine umgekehrte Form des Essens.

Ach, was für ein alberner Sokrates war dieser Lehrer, der eines Tages, als es stürmte, seine Schüler ans Meer mitnahm, die paar, die nicht vor Lachen umfielen. Mit dem Zug in die Unterwelt, aber als wir weit draußen auf der Pier standen, war es wirklich genug, die wütende See schlug gegen den Basalt, als wollte sie ihn fressen, der Himmel hing voller Unheilwolken, der Regen peitschte unsere kleine Fünfergruppe, und zwischen dem Gekreische der Möwen machte ich Überstunden und schrie durch den Sturm nach Westen, und natürlich lag dort hinter den tosenden Wassermassen die geheime Schattenwelt mit ihren vier tödlichen Flüssen. Bei allem, was ich rief, schrien die Möwen wie Rachegöttinnen ihre Echos von Orpheus und Styx, und ich erinnere mich an das weiße, durchscheinende Gesicht meiner Lieblingsschülerin, weil in solchen Gesichtern die Fabeln wahr werden. Ich stand der Generation des verschwiegenen Tods gegenüber und brüllte wie ein verrückt gewordener Kobold von ewigen Nebeln und Untergang, Sokrates an der Nordsee.

Am nächsten Tag hatte Lisa d'India mir ein Gedicht gegeben, etwas über Sturm und Einsamkeit, ich hatte es zusammengefaltet und in die Tasche gesteckt, es hatte keine *Form*, es ähnelte der modernen Poesie, wie man sie in Literaturzeitschriften liest, und weil ich das nicht sagen wollte, hatte ich gar nichts gesagt, und jetzt fragte ich mich hier, an Bord dieses Schiffes, wo dieses Gedicht geblieben war. Irgendwo zwischen all meinen Papieren, irgendwo in einem Zimmer in Amsterdam.

Er hatte ihre Augen, der Junge. Lateinische Augen. Er sah, wie ich auf ihn zukam, wandte den Blick nicht ab. Als ich dicht bei ihm war, nahm die Frau ihre Hand von seiner Schulter und verschwand, es war, als löste sie sich auf.

»Unsere Führerin«, hatte Captain Dekobra sie einmal genannt, mit einer Mischung aus Spott und Ehrfurcht. Sie war da und war nicht da, doch – ob anwesend oder abwesend – sie war diejenige, die uns beisammenhielt, die aus unserer komischen Gruppe eine Gesellschaft machte, ohne daß jemand sich zu fragen schien, warum. Als ich bei Alonso Carnero angelangt war, wußte ich nicht mehr, was ich ihm hatte sagen wollen. Das einzige, was mir einfiel, war: »Woran denkst du?« Er zuckte mit den Achseln und sagte: »An die Fische im Meer«, und natürlich mußte ich dann auch daran denken, an all dies unsichtbare, von uns abgewandte Leben Tausende von Metern unter uns, und ich erschauerte und ging in meine Kajüte.

In dieser Nacht träumte ich wieder von mir selbst in meinem Zimmer in Amsterdam. Tat ich denn nie etwas anderes als schlafen? Ich wollte mich wecken und merkte, wie ich das Licht in meiner Kajüte anknipste, verwirrt, verschwitzt. Ich wollte diesen schlafenden Mann nicht mehr sehen mit dem offenen Mund und den blinden Augen, die Einsamkeit dieses sich hin und her wendenden, wälzenden Körpers. Nach Maria Zeinstra hatte ich nie wieder die Nacht mit jemandem verbracht, es war, dachte ich damals, meine letzte Chance auf ein wirkliches Leben gewesen, was immer das bedeuten mochte. Zu jemandem gehören, zur Welt gehören, derlei Unsinn. Einmal hatte ich sogar von Kindern gesprochen. Hohngelächter. »Wir werden doch auf keine merkwürdigen Ideen unter dieser Glatze kommen«, hatte sie gesagt, als spräche sie zu einer ganzen Klasse. »Du und Kinder! Manche Menschen dürfen nie Kinder haben, und zu denen gehörst du.«

»Du tust, als ob ich eine schreckliche Krankheit hätte. Wenn du mich so eklig findest, warum gehst du dann mit mir ins Bett?«

»Weil ich das sehr gut auseinanderhalten kann. Und weil ich Lust darauf habe, wenn du das vielleicht hören willst.«

»Vielleicht mußt du deine Kinder dann doch von deinem dichtenden Basketballer bekommen.«

»Von wem ich sie bekomme, ist meine Sache. Auf jeden Fall nicht von einem schizophrenen Gartenzwerg aus dem Antiquitätengeschäft. Und Arend Herfst ist für dich kein Gesprächsthema.«
Arend Herfst. Dritte Person. Der Fleischkloß mit dem eingebauten Dichtergrinsen.
»Und außerdem, schreib erst mal selbst ein Gedicht. Und ein bißchen Sport würde dir auch nicht schaden.« Das stimmte, denn dann hätte ich jetzt vielleicht fliegen können, anstatt mit dem Schiff zu fahren. Raus aus der Kajüte, die Arme weit ausbreiten und wegfliegen, das schlafende Schiff zu meinen Füßen, die einsame Wache im gelblichen Licht, unser Fährmann, mich lösen von all den anderen, hinein in die tiefe Dunkelheit.
Ich zog mich an und ging an Deck. Sie waren alle da, es kam mir vor wie eine Verschwörung. Sie standen um Captain Dekobra herum, der mit einem Fernglas den Himmel absuchte. Es konnte keinesfalls dieselbe Nacht sein, denn es gibt Nächte, in denen die Sterne es darauf angelegt haben, uns Angst einzujagen, und diese war eine davon. So viele wie in dieser Nacht hatte ich noch nie gesehen. Ich hatte das Gefühl, als könnte ich sie durch das Geräusch der See hindurch hören, als riefen sie uns, verlangend, wütend, höhnend, durch das Fehlen allen sonstigen Lichts standen

sie wie in einer Halbkuppel über uns, Lichtlöcher, Lichtstaub, lachten über die Namen und Zahlen, die wir ihnen gegeben hatten in jener späten Sekunde, als wir erschienen waren. Sie wußten selbst nicht, wie sie hießen, welche albernen Gestalten unsere beschränkten Augen einmal in ihnen erkannt hatten, Skorpione, Pferde, Schlangen, Löwen aus brennendem Gas, und darunter wir, mit diesem unausrottbaren Gedanken, wir seien der Mittelpunkt, und tief unter uns noch so eine geschlossene Kuppel, so daß uns ein sicherer, runder Schutz umgab, der seine Gestalt nie verändern würde.

Das Meer glänzte und wogte, ich hielt mich an der Reling fest und sah zu den anderen. Zu beweisen war nichts, aber sie hatten sich verändert, nein, sie waren schon wieder verändert. Manche Dinge waren nicht mehr da, Linien fehlten, immer sah ich, ganz kurz, bei einem den Mund nicht, oder ein Auge, für den Bruchteil einer Sekunde war ihre Erkennbarkeit verschwunden, dann sah ich den Körper des einen in dem des anderen, als hätte eine Demontage unserer Festigkeit eingesetzt, und zugleich verstärkte sich der Glanz dessen, was sichtbar war, wenn es nicht so idiotisch klingen würde, hätte ich gesagt, daß sie strahlten. Ich hielt die Hände vor die Augen, sah jedoch nichts anderes als meine Hände.

Mir passieren nie Wunder, und somit gab es keinerlei Grund dafür, daß die anderen mich so seltsam ansahen, als ich nähertrat.
»Siehst du den Jäger?« sagte Captain Dekobra zu Alonso Carnero. »Das ist Orion.« Der große himmlische Mann war leicht nach vorne gebogen. »Er ist auf der Jagd, er späht. Aber er ist vorsichtig, denn er ist blind. Siehst du diesen hellen, strahlenden Stern dort zu seinen Füßen, vor ihm? Das ist Sirius, sein Hund. Wenn du hier durchschaust, kannst du sehen, wie er atmet.«
Der Junge nahm das schwere Fernglas und schaute lange schweigend hindurch.
»Jetzt gehst du nach oben, an seinem Gürtel entlang, Alnilam, Alnitak, Mintaka« – er sprach die Worte wie eine Beschwörung – »dann kommst du zu seiner rechten Schulter, Ibt Al Jakrah, die Achsel, das ist Betelgeuse, vierhundertmal so groß wie die Sonne ...«
Alonso Carnero ließ das Fernglas sinken und sah Dekobra an. Da war es wieder: Die dunklen Augen starrten in die eisblauen, zwei Formen des Sehens, die sich ineinanderbohrten, keine Gesichter mehr, nur noch Augen, für den Bruchteil einer Sekunde, und dann floß die Form ihres Gesichts in der nächtlichen Luft wieder zurück. Die anderen sahen es nicht oder sagten nichts. Auch ich sagte nichts. Vierhundertmal so groß wie die

Sonne, das hatte Maria Zeinstra mir auch erzählt, ich hatte meine Unschuld bereits verloren. Sie wußte alles, was ich nicht wissen wollte. Mit diesen Schnapsgläsern, durch die ich auf die Welt schauen mußte, war ich sowieso nicht mit dem nächtlichen Himmel vertraut, doch den Jäger konnte ich auch so erkennen, ich wußte, wie er zum Ende der Nacht hin auf die noch schlafende Welt klettert, für mich war er der Verbannte aus dem neunten Buch der *Odyssee*, der Geliebte der rosenfingrigen Morgenröte, ich wollte nicht wissen, wie heiß oder wie alt seine Sterne waren und wie weit entfernt er war.

»Dann bleib eben dumm.«

Ich höre ihre Stimme neben mir, aber sie ist nicht da.

»Was hast du davon, die Welt so zu kennen, wie du sie kennst?« hatte ich gefragt. »Diese lächerlichen Zahlen, die uns mit ihren Nullen erschlagen?«

Erstaunen. Kopf schief. Rotes Haar hängt wie eine Fahne zur Seite, Orion ist im Tageslicht schon fast erloschen. Wir haben noch nicht geschlafen.

»Wie meinst du das?«

»Zellen, Enzyme, Lichtjahre, Hormone. Hinter allem, was ich sehe, siehst du immer etwas anderes.«

»Weil es da ist.«

»Na und?«

»Ich will hier nicht blind auf der Erde herumlaufen, das eine Mal, das ich hier bin.«

Sie stand auf. »Und jetzt muß ich nach Hause für den Besuch des großen Jägers. Ich dachte, Italiener passen besser auf ihre Kinder auf.«

»Sie ist kein Kind.«

»Nein.« Es klang bitter. »Das haben sie alle gut hingekriegt.« Stille. »Ich muß gehen«, sagte sie dann. »Der Herr ist auch noch eifersüchtig.«

Ob ich eifersüchtig sei, fragte sie nicht.

»Castor und Pollux«, hörte ich den Captain sagen. Wirklich, es schien, als wollte mich jeder in meine Vergangenheit zurückholen. Die Schultafel des Himmels war mit Latein beschrieben, und ich war kein Lehrer mehr. »Orion, Taurus, dann hoch zu Perseus, Auriga ...« Ich folgte der Hand, die zu den Bildern deutete, die jetzt, wie wir, sanft zu schwanken schienen. Irgendwann einmal, sagte der Captain, würden diese Bilder aufgelöst werden, zerpflückt, über den künftigen Himmel verstreut. Was sie zusammengehalten hatte, war unser zufälliges Auge in den letzten paar Jahrtausenden, das, was wir in ihnen hatten sehen wollen. Sie gehörten genausowenig zueinander wie Spaziergänger auf den Champs-Élysées, diese Konstellationen waren Momentaufnahmen, nur dauerten diese Momente für unsere Begriffe reichlich lang. Nach wiederum einigen tausend Jahren würde der Große Bär sich aufgelöst haben, würde der Schütze nicht länger schießen, ihre Einzelsterne würden eigene Wege verfolgen, ihre trägen Bewegungen würden die Bilder, wie wir sie kannten, zum Verschwinden bringen, Boötes würde den Bären nicht mehr bewachen, Perseus würde nie mehr Andromeda von ihrem Felsen befreien, Andromeda würde ihre Mutter Kassiopeia nicht mehr erkennen. Natürlich würden neue, ebenso zufällige Konstellationen (ja, von *stella* gleich Stern, ich weiß, Captain) entstehen, doch wer würde ihnen Namen geben? Die Mythologie, die mein Leben beherrscht hatte, würde dann unwiderruflich ungültig sein, das war sie schon jetzt, für die Welt wurde sie eigentlich nur noch durch diese Konstellationen am Leben erhalten. Namen entstehen nur, wenn etwas noch lebt. Weil dieses Sternbild noch da war, wurden die Menschen gezwungen, über Perseus nachzudenken, wußten sie noch, wie der Captain, daß er das abgeschlagene Gorgonenhaupt der Medusa in der Hand hielt und daß es ihr böses Auge war, das uns zublinzelte, bösartig, höhnisch, zum letztenmal gefährlich.

»Der Himmelsteich«, sagte Professor Deng.

Wir sahen ihn an. Er deutete auf Auriga, den

Wagenlenker. Ein Wagen, ein Teich. Er sprach sehr leise, sein Gesicht schien zu leuchten. Mir fiel auf, wie sehr er Pater Fermi ähnelte. Sie mußten beide gleich alt sein, aber alt war nicht mehr die Kategorie, mit der sich ihre Leben beschreiben ließen. Sie befanden sich jenseits der Zeit, durchsichtig, entrückt, uns weit voraus.

»Ich tränkte meine Drachen im Himmelsteich,
und band ihre Zügel an den Fu-Sang-Baum.
Ich brach einen Zweig vom Ruo-Baum,
um die Sonne damit zu schlagen ...«

»Sehen Sie«, sagte er, »wir gaben den Sternen unsere eigenen Namen. Das war so früh in der Geschichte, wir kannten Ihre Mythologie noch nicht.« Seine Augen funkelten ironisch. »Es war zu kurz, es wäre auch noch zu kurz gewesen, wenn es Tausende von Jahren gedauert hätte ... mein ganzes Leben habe ich damit verbracht.«
»Und das Gedicht?« fragte ich. »Bei uns zogen Pferde über den Himmel, keine Drachen.«
»Es ist von Qu Yuan«, sagte Professor Deng, »aber den werden Sie wohl nicht kennen. Einer unserer Klassiker. Älter als Ihr Ovid.«
Es schien, als entschuldigte er sich. »Auch Qu Yuan wurde verbannt. Auch er beklagt sich über seinen Fürsten, über die üblen Charaktere, mit denen er sich umgibt, über den Verfall am Hof.«

Er lachte. »Auch bei uns wurde die Sonne über den Himmel gezogen, nur war der Wagenlenker kein Mann wie Ihr Phoibos Apollon, sondern eine Frau. Und wir hatten nicht eine Sonne, sondern zehn. Sie schliefen in den Zweigen des Fu-Sang-Baums, eines riesigen Baums am westlichen Ende der Welt, dort, wo Ihr Atlas steht. Bei uns sprachen die Dichter und Schamanen über die Konstellationen, als gebe es sie wirklich. Ihr Auriga ist unser Himmelsteich, ein tatsächlich existierender See, in dem der Gott sein Haar wäscht, genauso wie es auch ein Lied gibt, in dem der Sonnengott zusammen mit dem Großen Bären Wein trinkt ...«

Wir blickten auf diese Stelle am Himmel, die jetzt plötzlich ein See geworden war, und ich wollte noch sagen, daß Orion für mich auch immer ein echter Jäger gewesen sei, aber plötzlich hatte jeder etwas zu erzählen. Pater Fermi fing von dem Wallfahrtsweg nach Santiago de Compostela an, der im Mittelalter Milchstraße genannt wurde. Er hatte diese Wallfahrt selbst unternommen, zu Fuß, und weil die einzige Milchstraße, die wir in diesem Augenblick sehen konnten, der Lichtschleier war, der über unseren Köpfen schwebte, sahen wir ihn jetzt dort gehen mit seinem leichtfüßigen Tänzelschritt.

Der Captain erzählte, wie er gelernt habe, nach

den Sternen zu fliegen, und auch ihn sahen wir, wie er hoch über uns in seinem einsamen Lichtkreis flog, das Geräusch der Motoren in dem Kokon kalter Stille um ihn, die Armaturen mit den zitternden Zeigern vor sich, und über ihm, noch viel näher als jetzt für uns, dieselben oder andere Baken, an die Chinesen oder Griechen, Babylonier und Ägypter ihre Namen gehängt hatten, ohne zu wissen, daß sich hinter all diesen Sternen so viele andere unsichtbare verbargen, wie Sandkörner an allen Stränden der Erde liegen, und daß keine Mythologie je genug Namen hätte, um sie alle zu benennen.
Harris, der bislang schweigend zugehört hatte, sagte, er habe nur dann die Sterne gesehen, wenn er wieder einmal betrunken aus einer Kneipe geschmissen worden sei, und als wir lachten, erzählte Alonso Carnero, er habe in jenem unsichtbaren Dorf auf der Meseta, aus dem er stamme, abends, wenn alle vor dem Fernseher saßen, mit seiner Schleuder auf den Großen Bären geschossen, und auch das sahen wir, und wie er vielleicht gedacht haben mochte, daß er mit seinem kleinen Stein diese riesige Entfernung tatsächlich überbrücken und das große Tier an der Flanke treffen könne. Wir alle hatten etwas von diesen kühlen, leuchtenden Punkten gewollt, das sie uns nie geben würden.

»Es wird Tag«, sagte der Captain.
»Oder so etwas Ähnliches«, sagte Harris.
Wir lachten, und ich sah, daß Professor Deng in meinem Gesicht das sah oder, besser gesagt, nicht sah, was ich zuvor bei ihm gesehen hatte.
»Bin ich noch da?« fragte ich.
»O ja«, sagte er, und weil er genau vor der aufgehenden Sonne stand, legte sich ein goldener Schein um seinen Kopf, weshalb es so aussah, als sei dieser Kopf jetzt wirklich verschwunden, und vielleicht war es auch so. Erst als ich einen Schritt zur Seite trat, sah ich ihn wieder.
»Ich brach frühmorgens an der durchwatbaren Stelle des Himmels auf und abends kam ich zur westlichen Grenze der Welt ...«, deklamierte Professor Deng, und als ich ihn fragend ansah: »Auch von Qu Yuan. Die Zeit der Geister vergeht bei uns viel schneller als die normale Zeit, das ist bei Ihnen doch auch so? Er ist ein großer Dichter, im nächsten Leben müssen Sie ihn doch mal studieren. In den ersten Zeilen seines langen Gedichts erzählt er, daß er von den Göttern abstammt, am Ende sagt er, daß er diese korrupte Welt jetzt verläßt, um die Gesellschaft der heiligen Toten aufzusuchen.«
»Wo die durchwatbare Stelle im Himmel genau ist, weiß ich nicht«, sagte Dekobra, »aber ich war

oft abends ganz weit im Westen und dabei erst am Morgen im Osten aufgestanden.«

»Wenn man nicht weiß, wohin man geht, tut die Geschwindigkeit dabei nicht viel zur Sache«, murmelte Harris.

Niemand antwortete, als habe er ein Tabu durchbrochen. Er zuckte mit den Achseln und nahm einen Schluck aus einem silbernen Flacon, den er in der Hosentasche hatte.

»Ich ertrage das Tageslicht nicht mehr«, sagte er und verschwand. Ich ging zum hintersten Teil des Decks. Die gespaltene Spur, die wir hinter uns ließen, lief bis zum Horizont. Ich liebte es, genau in der Mitte zu stehen, die eiserne Krümmung der Reling wie eine Liebkosung um mich. Die Spur hatte die Farbe von Gold und Blut.

»Ich ertrage das Tageslicht nicht mehr.« Ich wußte, daß ich, wenn ich mich umdrehen würde, die anderen wie ein verzerrtes Siebengestirn sehen würde, nur weil ich mich daraus entfernt hatte. Ich mußte dort stehen, allein, und nachdenken. Es waren die Worte, die sie am Ende des vorletzten Tages meines Lehrerdaseins gesagt hatte oder zu Beginn des letzten Tages, so konnte man es auch ausdrücken. Schlaf war nicht die Brücke gewesen zwischen diesen beiden Tagen, vielleicht daß es mir deshalb wie der längste Tag meines Lebens vorgekommen war. Wollen wir uns darauf eini-

gen, daß ich an jenem Tag glücklich war? In meinem Fall geht das immer mit Verlust einher und folglich mit Melancholie, doch der Grundton war Glück. Sie wollte nie sagen, daß sie mich liebte (»Frag doch deine Mutter«), war aber unendlich findig im Ausdenken von Stunden, Codes, Orten für Verabredungen. Jedenfalls konnte ich in jenen Tagen sogar meinen eigenen Anblick ertragen, und etwas davon mußte auch nach außen hin sichtbar gewesen sein. (»Für einen, der so häßlich ist, siehst du ganz passabel aus.«)
Wie auch immer, weil sich nun einmal alles in meinem Leben reimen muß, war die letzte Unterrichtsstunde, die ich geben sollte, Platons *Phaidon* gewidmet. Ich mag bescheuerte Reiseführer schreiben, aber ich war ein begnadeter Lehrer. Ich konnte sie wie Schäfchen um die dornigen Hecken der Syntax und der Grammatik führen, ich konnte den Sonnenwagen herabstürzen lassen, so, als stünde die ganze Klasse in Flammen, und ich konnte, und das tat ich an jenem Tag, Sokrates mit einer Würde sterben lassen, die sie in ihrem kurzen oder langen Leben nie mehr vergessen würden. Anfangs noch etwas dämliches Gekicher wegen meines Spitznamens (»Nein, meine Damen und Herren, diesen Gefallen werde ich Ihnen heute bestimmt nicht tun«) und danach Stille. Denn es stimmte nicht, was ich gerade

sagte, ich starb da tatsächlich. »Wenn Kollege Mussert seine Sokratesnummer abgezogen hat, herrscht in der nächsten Stunde totale Ruhe«, hatte Arend Herfst gesagt, und ausnahmsweise hatte er recht. Aus dem Klassenraum war ein Athener Gefängnis geworden, ich hatte meine Freunde um mich versammelt, bei Sonnenuntergang sollte ich den Giftbecher trinken. Ich hätte mich dem entziehen können, ich hätte fliehen können, Athen verlassen, ich hatte es nicht getan. Jetzt würde ich noch einen Tag lang mit meinen Freunden sprechen, die meine Schüler waren, ich würde sie lehren, wie man stirbt, und ich würde nicht allein sein im Tod, ich würde in ihrer Gesellschaft sterben, jemand, der zur Welt gehört. Ich, mein anderes Ich, wußte, daß ich die Klasse über dünne Abstraktionen führen mußte, höhere Chemie, wobei der Mann, der bald sterben würde, die Seele vom Körper trennen wollte. Er führte einen Beweis nach dem anderen für die Unsterblichkeit der Seele an, doch unter all diesen so scharfsinnigen Argumenten gähnte der Abgrund des Todes, die Nichtexistenz der Seele. Dieser häßliche Körper, der da saß und sprach, der hin und wieder jemanden am Nacken streichelte, der herumging und dachte und Laute hervorbrachte, würde bald sterben, er würde verbrannt oder bestattet werden, die anderen sahen auf diesen Körper und lauschten den Lauten, die er hervorbrachte, mit denen er sie tröstete, sich selbst tröstete. Natürlich wollten sie glauben, daß sich in dieser plumpen, klobigen Hülle eine königliche, unsichtbare, unsterbliche Substanz verbarg, die keine Substanz war, etwas, das, wenn dieser eigenartige siebzigjährige Körper endlich verdreht am Boden liegen würde, diesem entfleuchen würde und, endlich von allem befreit, was das klare Denken behindert, befreit von Begierde, sich aufmachen würde, die Welt verlassen und gleichzeitig bleiben oder zurückkehren, das Unmögliche.

Daß ich selbst nicht daran glaubte, tat nichts zur Sache, ich spielte jemanden, der es glaubte. Es ging an jenem Nachmittag nicht darum, was *ich* dachte, es ging um einen Mann, der seine Freunde tröstet, während er selbst es sein müßte, der getröstet wurde, und es ging darum, daß man die letzten Stunden seines Lebens mit Denken verbringen konnte, nicht mit den Argumenten an sich, sondern mit dem Hin und Her von Gedanken, Optionen, Vermutungen, Gegensätzen, mit den Bögen, die in diesem Raum vom einen zum anderen geschlagen wurden, mit den bestürzenden Möglichkeiten des menschlichen Geistes, über sich selbst nachzudenken, Auffassungen umzukehren, ein Netz von Fragen zu spinnen und dieses dann wieder in dem leeren Nichts zu verankern, in dem die Gewißheit sich selbst in Abrede stellen kann. Und wieder, wie bei Phaëthon, zeigte ich ihnen die Erde von oben, meine Schüler, die die Erde schon hundertmal auf dem Fernsehschirm als blauweiße Kugel hatten schweben sehen, die längst wußten, daß die Erde nicht der Mittelpunkt des Universums ist, waren jetzt die Schüler jenes anderen Sokrates geworden, sie flogen mit ihm aus jener Athener Zelle und sahen ihre damals noch um soviel geheimnisvollere Welt »als Ball, gebildet aus zwölf Lederstücken«, wie der echte Sokrates gesagt hatte, eine leuchtende, farbige Welt aus Edelsteinen, von der die Welt, in der sie täglich leben mußten und aus der ihr alter Freund ein paar Stunden später würde verschwinden müssen, lediglich eine kümmerliche, armselige Abbildung war. Und ich erzählte ihnen, daß in dieser Welt, die von oben gesehen wird und die die reale und zugleich nicht die reale Welt ist, unsagbar viele Flüsse unter der Erde zu dem großen, unterirdischen Gewässer des Tartaros fließen, Gewässer ohne Grund und Boden, eine unendliche Masse, und ich lief und tanzte vor der Klasse hin und her, schob mit meinen kurzen Armen gewaltige Wassermassen durch den Klassenraum, so wie jener andere Mann, von dem ich die Worte entliehen hatte, sie durch die Athener Gefängniszelle hatte fließen lassen, die er nie mehr verlassen sollte. Ein großes Schöpfwerk wurde ich, das das Wasser über die Erde verteilte. Und ich erzählte ihnen, er erzählte ihnen von den vier großen Flüssen jener Unterwelt, von Okeanos, dem größten, der um die Erde herumfließt, von Acheron, der durch tödliche Öde seinen Weg sucht und in einen See mündet, in dem die Seelen der Verstorbenen ankommen und auf ihr neues Leben warten, von Gebieten mit Feuer und Schlamm und Felsen, und immer wieder diese menschlichen Träume von ewiger Belohnung und ewiger Strafe, und ich ließ die armseligen Seelen dort im Nebel stehen, wo sie, sagte ich, warteten wie Arbeiter an einer Bushaltestelle im Wintermorgennebel.

Und dann ist es soweit. Ich ziehe mich zurück, ich lege einen enormen Abstand zwischen mich und die ersten Bänke. Jetzt werde ich sterben. Ich sehe in die Augen meiner Schüler, wie er in die Augen seiner Schüler geschaut haben muß, ich weiß genau, wer Simmias ist und wer Kebes, und die ganze Zeit war Lisa d'India natürlich Kriton, der im Innersten seines Herzens nicht an die Unsterblichkeit glaubt. Ich habe alles vergeblich gesagt. Ich bleibe in der Ecke stehen, die der Tafel am nächsten ist, und sehe zu Kriton, meinem Lieblingsschüler. Sie sitzt weiß und aufrecht in ihrer Bank. Ich sage, ein Dichter würde sagen, daß das Schicksal mich jetzt ruft. Ich will mich waschen, damit die Frauen das nachher nicht mehr zu tun brauchen. Dann fragt Kriton mich, was sie noch für mich tun könnten oder für meine Kinder, und ich sage nur, das einzige, was meine Freunde tun könnten, ist, für sich selbst zu sorgen, das sei das Wichtigste, und als Kriton mich dann fragt, wie ich bestattet werden wolle, necke ich ihn und sage, er solle nur versuchen, mich zu fassen zu kriegen, und meine natürlich meine Seele, dieses flüchtige Ding, und halte ihm vor, daß er mich nur als künftigen Leichnam sehen wolle, daß er nicht an meine unsichtbare Reise glaube, nicht an meine Unsterblichkeit, nur an das, was ich zurückließe, den Körper, den er sieht. Und dann gehe ich baden, während ich dort in der Ecke des Klassenraums stehenbleibe, und Kriton geht mit mir, während sie dort in ihrer Bank sitzenbleibt, und ich sehe, wie sie mich alle anschauen, und dann komme ich zurück und spreche mit dem Mann, der mir sagt, es sei Zeit, das Gift zu trinken. Er, dieser Mann, weiß, daß ich nicht toben und wüten werde wie die anderen Verurteilten, denen er den tödlichen Becher reichen muß, und dann will Kriton, daß ich erst noch etwas esse, er sagt, daß die Sonne noch auf den Bergen scheine, daß sie noch nicht ganz untergegangen sei, und dann schauen wir alle zu den Bergen auf dem Schulhof und wir sehen es, eine rote Glut über den blauen Bergen. Aber ich weigere mich. Ich weiß, daß es andere gibt, die bis zum Schluß warten, doch das will ich nicht. »Nein, Kriton«, sage ich, »was würde ich damit gewinnen, wenn ich das Gift etwas später tränke, wenn ich wie ein jammerndes Kind am Leben hinge?« Und dann gibt Kriton das Zeichen, und der Mann kommt mit seinem Becher, und ich frage, was ich tun muß, und er sagt: »Nichts, nur austrinken und ein wenig herumgehen, dann werden die Beine schwer und dann legst du dich hin. Es wirkt von allein.« Und er reicht mir den Becher, und ich trinke ihn langsam aus, und als ich diesen nicht existierenden Becher bis zur Neige geleert habe und ihn dann dem unsichtbaren Diener zurückgebe, sehe ich in die Augen Kritons, die die Augen d'Indias sind, und dann breche ich ab, wir machen kein Grand Guignol daraus. Ich lege mich nicht auf den Boden, ich lasse den Diener nicht meine Beine betasten, ob noch Gefühl in ihnen ist, ich bleibe stehen, wo ich stehe, und sterbe und lese die letzten Zeilen vor, in denen eine große Kälte über mich kommt und ich noch etwas sage von einem Hahn, den wir Asklepios schuldig sind, und das tue ich, um zu zeigen, daß ich in der Welt sterbe, der Welt der Wirklichkeit. Und dann ist es vorbei. Das Tuch wird von Sokrates' Gesicht genommen, die Augen sind starr. Kriton schließt sie und schließt seinen offenen Mund.

Jetzt kommt der heikle Moment, sie müssen den Raum verlassen. Ihnen ist nicht danach, etwas zu sagen, und mir auch nicht. Ich drehe mich um und suche etwas in meiner Tasche. Ich weiß, daß Platons Theorien über den Körper als Hindernis für die Seele im Christentum Auswirkungen hatten, die mir überhaupt nicht gefallen, und ich weiß auch, daß Sokrates Teil des ewigen Mißverständnisses der abendländischen Kultur ist, doch sein Tod rührt mich immer, vor allem, wenn ich ihn selbst spiele. Als ich mich umdrehe, sind die meisten weg. Ein paar rote Augen, Jungen mit abgewandten Köpfen, die besagen, denk bloß nicht, daß ich beeindruckt bin. Auf dem Gang großer Lärm, viel zu lautes Gelächter. Aber Lisa d'India war geblieben, und die weinte wirklich.

»Hör sofort damit auf«, sagte ich, »wenn du das tust, hast du nichts verstanden.«

»Deswegen heule ich nicht.« Sie steckte ihre Bücher in die Tasche.

»Weswegen dann?« Dumme Frage Nummer 807.

»Wegen allem.«

Ein Götterbild in Tränen. Kein schöner Anblick.
»Alles ist ein ziemlich weiter Begriff.«
»Schon möglich.« Und dann, heftig: »Sie glauben ja selber nicht dran, an die Unsterblichkeit der Seele.«
»Nein.«
»Warum tragen Sie es dann so gut vor?«
»Die Situation in dieser Zelle hing nicht davon ab, was ich einmal darüber denken würde.«
»Aber warum glauben Sie nicht daran?«
»Weil er es viermal zu beweisen versucht. Das ist immer ein Zeichen von Schwäche. Meiner Meinung nach glaubte er selber nicht daran, oder nicht richtig. Aber es geht nicht um die Unsterblichkeit.«
»Worum dann?«
»Es geht darum, daß wir über die Unsterblichkeit nachdenken können. Das ist ganz eigenartig.«
»Ohne daran zu glauben?«
»Ich meine, ja. Aber Gespräche dieser Art sind nicht meine Stärke.«
Sie stand auf. Sie war größer als ich, unwillkürlich trat ich einen Schritt zurück. Dann, plötzlich, sah sie mir direkt in die Augen und sagte: »Wenn ich mit Arend Herfst Schluß mache, bedeutet das dann, daß Sie Frau Zeinstra verlieren?«
Es war ein Volltreffer. Ich war noch nicht ganz

gestorben, da mußte ich schon wieder in einem anderen Stück mitspielen. Es war undenkbar, daß der echte Sokrates je so ein Gespräch führen mußte. Jede Zeit hat ihre eigene Strafe, und diese hat eine Menge davon.

»Wollen wir sagen, daß dieses Gespräch nicht stattgefunden hat?« sagte ich schließlich. Sie wollte noch etwas erwidern, doch in diesem Moment trat Maria Zeinstra in die Klasse, und da sie das mit ihrer üblichen Schnelligkeit tat, stand sie bereits halb im Raum, bevor sie Lisa d'India sah. So etwas geht in einer Sekunde. Das rote Haar, das hereinzuwehen schien, das schwarze, das hinausstürmte, eine Schülerin mit einem Taschentuch vor dem Mund.

»Also doch ein Kind«, sagte Maria Zeinstra zufrieden.

»Nicht ganz.«

»Das brauchst du mir nicht zu erzählen.«

Dann sahen wir beide das Buch, das Lisa d'India auf der Bank hatte liegenlassen. Sie nahm es und schaute hinein.

»Platon, dagegen komme ich nicht an. Bei mir hatte sie heute Blutgefäße und Schlagadern.«

Als sie es zurücklegen wollte, fiel ein Umschlag heraus. Sie schaute darauf und hielt ihn dann hoch.

»Für dich.«

»Für mich?«

»Wenn du Herman Mussert bist, ist er für dich. Darf ich ihn lesen?«

»Lieber nicht.«

»Warum nicht?«

»Weil *du* jedenfalls nicht Herman Mussert bist.«

Plötzlich fauchte sie vor Wut. Ich streckte die Hand nach dem Brief aus, aber sie schüttelte den Kopf.

»Du kannst wählen«, sagte sie. »Entweder, du bekommst ihn, und dann siehst du mich nicht mehr, egal, was drinsteht. Oder ich zerreiße ihn hier und jetzt in tausend Stücke.«

Wunderlich, der menschliche Geist. Kann alles mögliche gleichzeitig denken. Kein Buch, das ich je gelesen habe, hat mich hierauf vorbereitet, dachte ich, und gleichzeitig, mit solchem Unfug beschäftigen sich also leibhaftige Menschen, und dann wieder, daß Horaz über derlei Banalitäten glänzende Gedichte geschrieben habe, und zwischen alldem, daß ich sie nicht verlieren wollte, und da hatte ich schon längst gesagt, dann zerreiß ihn doch, und sie hatte es auch getan, auf den papiernen Schneeflocken sah ich zerrissene Wörter, zerfranste Buchstaben zu Boden trudeln, Sätze, die an mich gerichtet waren und jetzt hilflos auf dem Boden lagen, ohne etwas zu sagen.

»Ich will hier weg. Meine Sachen sind noch in der 5 b.«

Die Gänge waren verlassen, unsere Schritte hallten in einem verkehrten Rhythmus gegeneinander. In der 5 b stand eine seltsame Zeichnung an der Tafel, eine Art Flußsystem mit zusammengeklumpten Inseln zwischen den Strömen. Ich hörte, wie sie den Schlüssel im Schloß umdrehte. Auf dem breiten Wasser der Flüsse schwammen kleine Kreise.

»Was ist das?«

»Gewebeflüssigkeit, Haargefäße, Lymphgefäße, Blutplasma, alles, was in dir ist und fließt und worüber ich jetzt nicht reden will.«

Sie hatte mich von hinten gepackt, ihr Kinn ruhte auf meiner linken Schulter, aus dem Augenwinkel sah ich einen Schleier von Rot.

»Gehen wir zu mir nach Hause«, sagte ich, oder vielleicht flehte ich auch, denn in diesem Augenblick ertönten Schritte auf dem Gang. Wir standen ganz still, aneinandergepreßt. Sie hatte mich auf die Brille geküßt, so daß ich nichts mehr sah. Ich hörte, wie sich die Türklinke bewegte und dann losgelassen wurde, so daß sie mit einem Klick in die ursprüngliche Position sprang. Dann wieder die Schritte, bis wir sie nicht mehr hörten.

»*Danach* gehen wir zu dir«, sagte sie, »und dann

bleibe ich bei dir.« Dieser Entschluß war also gefaßt. Wir würden die ganze Nacht reden, sie würde den ersten Zug nehmen, sie würde Herfst sagen, daß sie ihn verlasse, sie würde abends bei mir einziehen. Sie fragte nicht, sie teilte mit. Eine halbe Tagesspanne später sah ich, wie sie bei mir am Fenster stand und ins erste fahle Tageslicht schaute. Ich hörte, was sie sagte.

»Ich ertrage des Tageslicht nicht mehr.«

Und dann noch einmal, als wüßte sie, was für ein Tag das werden würde: »Ich hasse Tageslicht.«

Und dann? Sie hatte geduscht, gerufen, daß sie keinen Kaffee wolle, war wie ein Wirbelwind durchs Zimmer gefegt, Fledermaus hatte sich unter den Decken verkrochen, ich hatte das rote Haar über die Gracht davongehen sehen. Ich versuchte mir vorzustellen, wie es wäre, wenn sie immer da war, und konnte es nicht. Dann versuchte ich mich auf meine erste Unterrichtsstunde an diesem Tag vorzubereiten, Cicero, *De amicitia*, Kapitel XXVII, Abschnitt 104, die Stunde, die ich nie mehr halten sollte, und auch das konnte ich nicht. Ich löste den lateinischen Satz aus dem Gebäude seiner Konstruktion, schob Verbformen von hinten nach vorn (Meine Damen und Herren, ich serviere es Ihnen in mundgerechten Happen, eingerostet wie Sie in der Syntax Ihrer Muttersprache sind), aber ich konnte es nicht, ich wollte nicht, ich saß mit ihr im Zug, und nach einer Stunde war es auch für mich Zeit, zu gehen. Alles sah anders aus, das Brückengeländer an der Gracht, die Treppe im Hauptbahnhof, die Weiden neben den Gleisen, sie schienen auf einmal auf unangenehme Weise von sich selbst besessen zu sein, die läppischsten Dinge hatten mir alles mögliche zu erzählen, die Welt der Gegenstände hatte es auf mich abgesehen, ich war also gewarnt, als ich ins Lehrerzimmer trat. Der erste, den ich sah, war Arend Herfst, und er wartete auf mich. Bevor ich wieder hinausgehen konnte, stand er schon vor mir. Er stank nach Alkohol und hatte sich nicht rasiert, derlei Dinge scheinen immer nach dem gleichen Muster ablaufen zu müssen. Der nächste Schritt ist Packen, Sich-über-einen-Beugen, An-den-Kleidern-Zerren, Schreien. Dann muß jemand kommen, der beschwichtigt, die Parteien trennt, sich dazwischenstellt. Der kam also nicht.

»Herman Mussert, wir werden jetzt miteinander reden. Ich hab dir 'ne Menge zu sagen.«

»Nicht jetzt, nachher, ich habe Unterricht.«

»Dein Unterricht ist mir scheißegal, du bleibst hier.«

Kein häufig vorkommendes Bild, ein Lehrer, der einem anderen hinterherrennt. Ich erreichte den

Klassenraum mit Müh und Not, versuchte, so würdevoll wie möglich hineinzugehen, aber er zerrte mich wieder hinaus. Ich riß mich los und flüchtete auf den Schulhof. Für das Schauspiel war das ein brillanter Einfall, denn jetzt konnte die ganze Schule vom Fenster aus zusehen, wie ich zusammengeschlagen wurde. Nach Strich und Faden verprügeln, heißt das, glaube ich. Wie gewöhnlich konnte ich wieder alles gleichzeitig, fallen, mich aufrappeln, bluten, doch noch ein bißchen zurückschlagen, das Gebrüll registrieren, das aus diesem weit geöffneten Kalbskopf drang, bis ich auch den nicht mehr sah, weil er mir die Brille von der Nase geschlagen hatte. Ich tastete um mich, bis ich den vertrauten Gegenstand wieder in die Hand gedrückt bekam.

»Hier ist deine Brille, du Arschloch!«

Als ich sie wieder aufhatte, hatte sich alles verändert. Hinter allen Fenstern sah ich die weißen Gesichter der Schüler, Masken mit dem Ausdruck heimlicher Freude. Es war auch nicht schlecht, was da zu sehen war, ein riesiges steinernes Schachbrett mit fünf Figuren, von denen zwei stillstanden, denn während der Direktor sich auf mich zubewegte, lief Maria Zeinstra zu Arend Herfst, der seinerseits auf Lisa d'India zulief. Im selben Augenblick, in dem der Direktor bei mir angekommen war, hatte Herfst Maria Zeinstra mit soviel Schwung beiseitegestoßen, daß sie hinfiel. Bevor sie wieder auf den Beinen war, hatte der Direktor bereits gesagt: »Herr Mussert, Sie haben sich hier völlig unmöglich gemacht«, aber gleichzeitig hatte Herfst Lisa d'India beim Arm gepackt und begann sie mitzuzerren.

»Arend!«

Das war die Stimme, die mir erst an diesem Morgen gesagt hatte, daß sie zu mir ziehen wolle. Jetzt stand alles still. Ich wurde über die eingefrorene Szene hinausgehoben, und von oben sah ich es, als gehörte ich nicht dazu: der ältere Mann mit dem verzerrten Gesicht, der die Finger nach dem blutenden Mann ausstreckte, der an der Mauer lehnte, die rothaarige Frau mitten auf der freien Fläche, der andere Mann, der schwankte, und das Mädchen, das er im Klammergriff zu halten schien. Und in diese Stille hinein ertönte jenes idiotische Wort, mit dem die Schüler mich immer nannten.

»Sokrates.«

Es wollte etwas, dieses Wort. Es klagte und wollte nicht von diesem Schulhof verschwinden, es hing noch in der Luft, als diejenige, die es gerufen oder gesagt oder geflüstert hatte, längst weg war, in ein Auto gezerrt, das ein paar Kilometer weiter gegen einen Lastwagen prallen sollte. Nein, bei der Beerdigung bin ich nicht gewesen, und ja, natürlich hatte Herfst sich nur die Beine gebrochen. Und nein, von Maria Zeinstra habe ich nie mehr etwas gehört, und ja, Herfst und ich wurden beide entlassen, und das Ehepaar Autumn unterrichtet jetzt irgendwo in Austin, Texas. Und nein, ich habe nie mehr unterrichtet, und ja, ich bin der Autor von Dr. Strabo's viel gelesenen Reiseführern geworden, mit denen sich so mancher Niederländer ins gefährliche Ausland wagt. Manchmal, ganz selten, treffe ich ehemalige Schüler. Eine schreckliche Reife hat Besitz von ihrem Gesicht ergriffen, die beiden Namen, die über ihren Köpfen schweben, sprechen sie nie aus. Ich auch nicht.

Peter Harris stellte sich neben mich.
»Ich dachte, Sie hassen das Tageslicht«, sagte ich. Er roch nach Alkohol, wie Arend Herfst an jenem Morgen. Die Welt ist ein einziger unaufhörlicher Querverweis. Aber er schlug mich wenigstens nicht. Er hielt mir seinen Flachmann hin, und ich lehnte ab. »Wir nähern uns dem Land«, sagte er.
Ich schaute zum Horizont, sah aber nichts.
»Sie müssen nicht dorthin schauen. Hier unten.« Er deutete auf das Wasser. Die ganze Reise über war es grau gewesen, oder blau, oder schwarz, oder alles zugleich. Jetzt war es braun.

»Sand aus dem Amazonas. Schlamm.«

»Woher wissen Sie das?«

»Ich bin hier schon mal gewesen. Und wir sind nach Südwesten gefahren. In ein paar Stunden sieht man Belém. Ich war immer der Meinung, daß das eine gute Idee von den Portugiesen war. Man fährt weg in Belém, man kommt an in Belém. Auf diese Weise erreicht man doch noch so etwas wie die ewige Wiederkehr. Woran Sie natürlich nicht glauben.«

»Nur bei Tieren.« Das war nur so dahingesagt.

»Warum?«

»Weil sie immer als sie selbst wiederkehren. Sie könnten keinen Unterschied erkennen zwischen einer Taube von 1253 und einer von heute. Es ist einfach dieselbe Taube. Entweder sind sie ewig oder sie kehren immer wieder.«

Belém. Ich sah es vor mir. Den Praça da República in der dampfenden Hitze, das Teatro da Paz. Es ist ein Schicksal, überall gewesen zu sein. Universität, Zoo mit Anacondas, Goldhasen und *matanees*, Kathedrale aus dem 18. Jahrhundert. Alles in Dr. Strabo's Reiseführer. Ja, ich kannte Belém. Der Bosque mit seinen tropischen Pflanzen, Eintritt vierzehn Centavos. Indianische Nutten. Und das Goeldi-Museum. Lehr mich die Welt kennen. Mein Koffer ist mein bester Freund.

Das Wasser nahm ein tieferes, bitteres Braun an. Große Holzstücke trieben darin, dies war der Schlund des großen Flusses, hier kotzte ein Kontinent sich die Gedärme aus dem Leib, dieser Schlamm war von den Anden bis hierher geströmt durch den geschundenen Urwald mit seinen letzten Geheimnissen, seinen letzten verborgenen Bewohnern, der verlorenen Welt der ewigen Finsternis, *tenebrae. Procul recedant somnia, et noctium fantasmata.* Halte mir fern die bösen Träume, die Trugbilder der Nacht. Das beten Mönche, bevor sie schlafen gehen. Dunst schien über dem Wasser zu hängen, wie Schleier. Gleich würden wir die beiden verzweifelt fernen Ufer sehen, zwei Geliebte, die einander nie bekommen würden. Auch die anderen waren an Deck erschienen. Die Frau mit dem Jungen, die beiden alten Männer, die einem Zwillingspaar glichen, der Captain mit seinem Fernglas, jeder in seiner eigenen Nische, allein oder zu zweit. Meine Reisegesellschaft.
Die Wellenbewegung wurde schwächer, aus der dampfenden Wasserfläche wurde eine Schale, auf der das Schiff wie ein Opfer lag. Bewegten wir uns noch? Ich schaute zu den anderen, meinen seltsamen Freunden, die ich nicht ausgewählt hatte. Wir waren einander vom Zufall bestimmte Begleiter, ich gehörte zu ihnen wie sie zu mir.

Lange konnte es nicht mehr dauern. »Gold und Holz«, hörte ich Harris sagen. Für einen Moment war sein Gesicht unter dem kastanienbraunen Haar verschwunden, und ich sah einen Mann ohne Gesicht, der einfach weitersprach. Langsam gewöhnte ich mich daran, an plötzliche Abwesenheiten, unausgefüllte Konturen, Hände, die man lokalisieren konnte, ohne sie zu sehen. Gold und Holz, ich lauschte, die Welt hatte mir noch alles mögliche zu erzählen, und das würde sie, wie es aussah, einstweilen auch weiter tun. Gold, darüber hatte er einmal ein Buch geschrieben, dieser Schatten von einem Harris, der große Goldkrieg zwischen Johnson und de Gaulle, von dem niemand je sprach, weil Vietnam alle Aufmerksamkeit von diesem Thema abgelenkt hatte. Und doch sei es ein richtiger Krieg gewesen, ohne Soldaten, aber mit Opfern; er habe ein Buch darüber geschrieben, und niemand habe es gelesen. Und Holz, deswegen sei er hier gewesen, in Amazonien, *The lost world*, ob ich je das Buch von Conan Doyle gelesen hätte, darin komme auch ein Schiff vor, das den Amazonas hinauffuhr, die Esmeralda. Gold und Holz, darüber wisse er alles. Das Gold werde bleiben, das Holz nicht. »Wenn man in hundert Jahren wieder hier herkommt, ist das eine große Wüste, schlimmer als die Sahel-Zone. Dann ist es erst so richtig das

Ende der Welt, ein leergeschlürfter Sumpf, ein versteinerter Sandkasten.«

Er sprach weiter, doch ich mußte wohl der Großmeister der Levitation sein, denn unter mir fuhr das Schiff, ein kleines Boot auf dem weiten Wasser. Es zeichnete ein einfaches V hinter sich, einen Keil, der immer breiter wurde. Eine Seite mit nur einem Buchstaben, der mir nun schon eine Reise lang etwas erzählen wollte. Aber was? Ich sah die fernen Ufer wie zwei weite Arme, die sich vielleicht um das Schiff schließen würden, um uns so für immer bei sich zu behalten, ich sah mich selbst, ich sah das begrenzte Sternsystem meiner Reisegefährten, drei Zwillinge, einer allein, ich sah, wie die Frau sich von dem Jungen löste und sich auf ihrer eigenen Bahn, unabhängig von den anderen, bewegte, aber auch, wie sie die anderen in ihrer Bahn mitzog, als wäre dies ein Naturgesetz, wie die beiden alten Männer ihr fast tänzelnd folgten, wie der Captain sein Fernglas sinken ließ und ihr nachging, wie Harris sich von mir löste, wie mein von mir getrenntes Ich dort unten sich langsam, zögernd der Prozession anschloß, während ich da oben wie ein Ballon in immer größere Höhen aufstieg und sah, wie immer mehr Fluß verschwand und immer mehr Land in Sicht kam, grünes, gefährliches, schwitzendes Land, eingehüllt in die Schwaden seiner eigenen Hitze, in die sich nun das Dunkel des plötzlich hereinbrechenden tropischen Abends mischte. Die Lichter von Belém sah ich, wie der Voyager die Erde zwischen den anderen leuchtenden Punkten und Flecken unseres Sonnensystems gesehen hatte. Jetzt war ich höher geflogen, als Sokrates in seiner Phantasie je gewesen war, er, der glaubte, man sähe das Paradies, wenn man sich nur weit genug über die Erde erhebe. Ich war höher als Armstrong, der den Mond entweiht hatte, ich mußte dieser siderischen Kälte entfliehen, ich mußte zurück an meinen Platz, in meinen seltsamen Körper.

Ich war der Letzte, der den Salon betrat. Alonso Carnero saß zu Füßen der Frau. Etwas an der Anordnung verriet, daß er der Mittelpunkt sein würde. Die beiden alten Männer sahen ihn wohlgefällig an, dieses Wort paßte. Unsere Körper schienen sich in ständigem Zweifel darüber zu befinden, ob sie echt sein wollten oder nicht, selten hatte ich eine Gruppe von Menschen gesehen, an denen so viel fehlte, ab und an verschwanden ganze Knie, Schulterpartien, Füße, doch unsere Augen hatten damit nicht die geringste Schwierigkeit, füllten die leeren Stellen aus, wenn es allzu schlimm wurde, vergruben sich in die des Gegenübers, als könnte dieses Verschwinden so gebannt werden. Nur sie blieb, wie sie war, der

Junge sah sie an, sah sie die ganze Zeit an, während er zu sprechen anfing. Sie mußte ihm irgendein Zeichen gegeben haben, daß er anfangen solle.
Anfangen? Dies war nicht das richtige Wort, und es kommt jetzt darauf an, die richtigen Worte zu wählen, du weißt das besser als ich. Er fing nicht an, er endete. Wie sagt man so etwas? Seine Geschichte war eine Geschichte mit einem Anfang und einem Ende, doch gleichzeitig war sie das Ende einer Geschichte, die wir in großen Teilen bereits kannten, seine Großmutter, die gemeinsam mit anderen Frauen des Dorfes von den Faschisten in Burgos erschossen worden war, und daß der Großvater seines besten Freundes zum Erschießungskommando gehört hatte und daß jeder im Dorf das wußte und auch wußte, daß die Frauen im letzten Augenblick ihres Lebens die Röcke gehoben hatten, als tödliche Beleidigung für die Soldaten, die in eben dem Augenblick schießen sollten, und daß seine Eltern ihm aus diesem Grund den Umgang mit seinem Freund nicht erlaubten, da diese Dinge nie und nimmer vergessen wurden, nicht, wo er lebte, so daß er und sein Freund, der Manolo hieß, sich bei Dunkelheit trafen und sich auch an jenem Abend getroffen hatten, von dem er erzählen wollte, von dem er erzählte in einer Litanei, einem langen

Strom von Wörtern, daß er Manolo immer herausforderte, so wie Manolo ihn, und daß sie dabei immer weiter gingen und sich schon oft auf die Gleise gelegt hatten, wenn der Nachtexpreß von Burgos nach Madrid herandonnerte, und daß es dann darum ging, wer sich am längsten liegenzubleiben getraute. Es war ganz still im Salon, wir sahen alle, wie er aufgestanden war und aussah wie Jesus im Tempel, wir wußten, was jetzt geschehen würde, und wollten es nicht hören, wir sahen uns an, weil sein Anblick fast nicht mehr zu ertragen war. Uns sah er nicht mehr an, nur noch sie, und ich sah etwas, das ich auch bei den anderen, späteren Geschichten sehen würde: Der Erzähler bemerkte etwas in ihr, das ihm unendlich vertraut vorkam, als wäre sie nicht die, die sie war, sondern etwas, das er schon lange kannte, so daß er seine Geschichte nicht jener Fremden erzählte, sondern jemandem, den nur er allein sah. Wir sahen also eigentlich niemanden, der Erzähler hingegen jemanden, der es ihm ermöglichte, die Worte zu finden, die der inneren Wirklichkeit seiner Geschichte so nahe wie möglich kamen. Ich hörte, wie das Geräusch des Schiffes erstarb, wie da draußen nicht mehr der breite, nächtliche Fluß lag, sondern nur noch Land, trockene Fläche. Sie hätten sich hingelegt, er habe den Großen Bären gesehen, auf den er früher mit seiner Schleuder gezielt habe, und er habe gedacht, daß der Bär zu ihm schaue, daß er alles sehen werde. Erst hätten sie noch miteinander geredet, jeder habe gesagt, er werde nicht der erste sein, der aufstehe, aber dieses Mal habe er genau gewußt, daß das für ihn stimme, und dann sei es ganz still geworden, ein leises Rascheln von trockenem Gras, ab und an noch ein Auto, das sei alles gewesen. Und dann, von ganz weit weg, sei das Geräusch gekommen, fast wie Singen sei es ihm vorgekommen, es sei unmittelbar aus den harten eisernen Schienen in seinen Schädel gedrungen, er spüre es immer noch, Tränen seien ihm in die Augen gestiegen, und dafür habe er sich geschämt und gleichzeitig sei es herrlich gewesen, weil jetzt alles so kommen würde, wie es kommen mußte, das schreckliche, immer lautere Summen, die Stille, in der es näherkam, die Sterne über der Meseta, die Tränen, in denen sie zu feuchten, zitternden Lichtflecken verschwammen. Wir saßen reglos, ich weiß, daß ich ihn nicht mehr anzuschauen wagte, denn in seiner Stimme war das Summen in lautes Heulen übergegangen, alles sei jetzt nur noch dieses Geräusch gewesen, das könne sich niemand vorstellen, und während er das sagte, hielt er die Hände an die Ohren, und durch das, was für ihn ein tosender, alles verschlingender Sturm von Geräuschen sein

mußte, sprach seine Stimme unendlich leise weiter, und er erzählte, daß er gesehen habe, wie Manolo gerade noch aufgesprungen sei, bevor die riesige schwarze, schwere Form über ihn gekommen sei, und mit weit ausgebreiteten Armen, als wolle er vormachen, wie ein Körper zerreißt, stand er in der Mitte des Salons und sah in die Runde, ohne einen von uns zu sehen, und wir, wir saßen totenstill und sahen, wie sie aufgestanden war und ihn mit einer Gebärde unendlicher Zärtlichkeit hinausführte.
Wir blieben noch eine Zeitlang sitzen und gingen dann an Deck. Niemand sprach. Ich stand an Backbord und blickte auf das Südufer, dort, wo die fernen Geräusche herkamen. Ich sah nichts, nur den Schein unserer Lichter auf dem satinglänzenden Wasser. So war es also. Die Welt würde ihre Scheingestalten von Tag und Nacht weiter auf die Bühne schicken, als wollte sie uns noch an irgend etwas erinnern, und wir, die wir bereits irgendwo anders waren, würden zuschauen. Ich kannte das nun unsichtbare Land, ich wußte, was sich an jenen fernen Ufern abspielte. Wir würden durch die Enge von Obidos fahren, ein Labyrinth aus gelblichem, schlammigem Wasser, die Bäume des großen Waldes ganz nahe, im Furo Grande würden die Zweige unser Schiff berühren, ich wußte es, ich war schon ein-

mal hier gewesen. Natürlich war ich hier gewesen. Nackte Indianerkinder auf Bretterstegen, Hütten auf Pfählen im Wasser, ausgehöhlte Baumstämme mit Ruderern aus Hieroglyphen, Gekreisch und Geschnatter großer Affenhorden in den Baumtürmen, wenn der Abend hereinbricht. *Wieder* einmal hereinbricht. Manchmal ein elektrischer Sturm in das Schwarz des Himmels geschrieben, wütende, blitzende Worte, unleserlich, zuckend. Und danach, wenn wir die Enge passiert hätten, die Berge wie seltsame Tische, Santarém, auf halbem Weg nach Manaos mit seiner aberwitzigen Oper, das grüne Wasser des Tapajós, das sich in den vergoldeten Schlamm mischt, und das andere, so viel grellere Grün und Rot und Gelb der kreischenden Papageien, Schmetterlinge wie schwebende, farbige Tücher und abends die handgroßen samtenen Motten, die sich in den Decklichtern versengten.

So sollte es weitergehen, eine Schwere, eine Last, und wir, die Reisenden, in einer Vorhölle. Jeden Abend, wenn man so sagen durfte, würde einer von uns seine Geschichte erzählen, und ich würde sie kennen und nicht kennen, und jede dieser Geschichten würde das Ende einer anderen, längeren Geschichte sein. Das einzige war, daß die anderen so viel besser zu wissen schienen als ich, was sie erzählen sollten. Gut, ich weiß es jetzt, aber damals noch nicht. Ein Erzähler mit einer Geschichte ohne Ende ist ein schlechter Erzähler, das weißt du. Angst hatte keiner, soweit ich sehen konnte. Das war bereits vorbei. Was ich selber spürte, war eine Verzückung, die ich nicht erklären konnte.

Der Fluß wurde schmaler, war aber immer noch so breit wie ein See. Bei Manaos überquerten wir die Scheidelinie zwischen dem Amazonas und dem Rio Negro, das schwarze neben dem braunen Wasser in der Flußmitte, zwei Farben, die sich dort nicht miteinander vermischen, das schwarze Totenwasser geschliffen wie Onyx, das braune gegerbt und zäh, von der Ferne erzählend, dem Urwald. Wann ich an der Reihe sein würde, wußte ich nicht, vorläufig konnte ich zuhören und die anderen betrachten, die Ereignisse ihres Lebens lesen, als hätte jemand sie für mich erdacht. Der Priester lauschte Harris' Geschichte, als müsse er noch einmal im Beichtstuhl sitzen, und Harris brauchte die Geschichte von Pater Fermi nicht mehr zu hören, weil er zu diesem Zeitpunkt bereits verschwunden war.

Er war der zweite, und wir lauschten, so wie wir allem lauschen sollten, es war eine Abschiedszeremonie, das Feiern der Zufälligkeit, die unsere Leben an eine Zeit und einen Ort und einen Namen geheftet hatte. Und wir waren höflich, wir starben miteinander mit, wir halfen uns gegenseitig, jene letzte Sekunde zum Ende einer Geschichte auszudehnen, wir hatten noch etwas zu tun, es mußte noch nachgedacht werden, und es schien, als hätten wir dafür mehr Zeit, als wir verbrauchen konnten.

Harris war in einer Bar in Guyana niedergestochen worden, all diese unendlichen Sekunden lang, in denen das silbern aufblitzende Messer in ihn eindrang, hatte er Zeit gehabt, um sich in Lissabon einzuschiffen und mit uns zu reisen, und noch immer war dieser Todesstoß nicht an sein Ziel gelangt. Irgend etwas mit einer Schwarzen war es gewesen, in einem verfallenen Bordell in einem Außenbezirk von Georgetown, aus tausend Kilometer Entfernung hatte er dieses eifersüchtige Messer ankommen sehen, sein ganzes Leben hatte er darin unterbringen können, was ihm auffiel, war, wie *logisch* dieses Leben verlaufen war, das war das Wort, das er gebrauchte.

Dreizehn Minuten, natürlich wußte Captain Dekobra das noch genau, hatte es gedauert zwischen dem Augenblick, in dem der erste seiner vier Motoren ausfiel, und dem Augenblick, in dem er die Meeresoberfläche berührt hatte: *Sound of impact*. Er erzählte von der Wolke an dem wolkenlosen Himmel, die, weil er die Sonne hinter sich hatte, wie ein gigantischer silberner Mann ausgesehen habe, der sich, als er sich ihm näherte, über den ganzen Himmel auszudehnen schien. Er habe in diesem Moment nicht an die Hunderte von Pilgern gedacht, die mit ihm aus Mekka zurückgeflogen seien, sondern an seine Frau in Paris und an seine Freundin in Djakarta, aber eigentlich noch mehr an zwei alberne Dinge, die da unten, irgendwo auf der Erde, in zwei verschiedenen Tiefkühlfächern lagen. Alles andere sei inzwischen weitergegangen, das Radar habe wieder einmal nicht richtig funktioniert, er habe nicht gleich begriffen, daß es sich hier um eine Wolke aus Vulkanasche gehandelt habe, die der Krakatau unter ihm ausgestoßen habe, er habe seine Motoren unter sich sterben hören, einen nach dem anderen, die Temperatur sei von 350 Grad auf fast nichts mehr gesunken, weil keine Verbrennung mehr stattgefunden habe, natürlich sei er erschrocken, er habe versucht, die Motoren mit der Zusatzzündung wieder in Gang zu setzen, aber nichts, kein Antrieb mehr, und plötzlich sei es wieder gewesen wie bei seinem ersten Segelflugzeug, vor so langer Zeit, nur sei dies das größte Segelflugzeug gewesen, das es gab, mit unirdischem Rauschen seien sie durch die Luft geschwebt, er habe Schreie von hinten gehört, er habe auf seine Notbatterien zurückgegriffen, habe das Notrufsignal abgesetzt, und in all dieser Fieberhaftigkeit sei eine überirdische Ruhe über ihn gekommen, es habe, sagte er, wohl ein Jahr gedauert, er hätte in dieser Zeit ein Buch mit seinen Erinnerungen schreiben können, dem Krieg, den Luftgefechten, den Bombenangriffen, den beiden Frauen in seinem Leben, für die er bei jeder Abreise eine besondere Mahlzeit zubereitete und einfror, damit sie die essen könnten, wenn er am anderen Ende der Welt war, das sei vielleicht albern und kindisch, aber es habe ihm immer insgeheim Freude bereitet, genauso wie es ihm jetzt Freude bereitete, daran zu denken, daß bald, wenn er nicht mehr wäre, diese beiden Frauen, die nichts voneinander wüßten, eine Mahlzeit zu sich nehmen würden, die er, den es dann nicht mehr auf der Welt gebe, noch zubereitet habe, und ob wir das nicht witzig fänden, und gewiß, wir fanden das witzig und blickten in seine stahlharten blauen Augen, und so war auch er weggegangen, aufrecht, federnd, einer, der vor nichts Angst hatte, der mit dem größten Flugzeug der Welt durch die Luft geschwebt war wie mit einem kleinen Papierflieger, er nahm die Hand, die du ausgestreckt hattest, ich sah euch hinter den Glastüren des Salons verschwinden.

In dieser Nacht träumte ich zum letztenmal von

mir in meinem Bett in Amsterdam, aber ich begann mich, der Mann in diesem Bett begann mich zu langweilen. Dieser Schweiß auf der Stirn, dieses verzerrte Gesicht, dieser Ausdruck, als werde da doch noch sehr gelitten, während ich hier so ruhig den Amazonas hinauffuhr, diese Uhr neben meinem Bett, auf der die Zeit festgeklebt zu sein schien, während ich inzwischen schon wieder soviel erlebt hatte. Ich meinte, er solle sich beeilen, dieses Leiden da habe nichts mit dem Apotheosegefühl von mir hier zu tun. Wir waren jetzt nur noch zu dritt, und für jemanden, der von den Klassikern gelernt hat, daß Geschichten einen Anfang und ein Ende haben müssen, sah es allmählich düster aus. Ich konnte nicht abstürzen, niemand hatte je versucht, mich niederzustechen, das einzige Mal, daß ich je mit körperlicher Gewalt konfrontiert worden war, war damals, als Arend Herfst mich zusammengeschlagen hatte, und sogar das hatte er nicht richtig zu Ende geführt.

Pater Fermi hatte solche Probleme nicht. Er erzählte unbekümmert von dem ekstatischen Augenblick, als er von seinem Abt die Erlaubnis erhalten habe, die Wallfahrt nach Santiago de Compostela zu unternehmen. Eine Vision habe ihn dabei geleitet, die Säule am Hauptportal der Kathedrale, an der sich nun schon seit Jahrhunderten die Pilger am Ende ihres oft monatelangen Weges festgehalten hätten, so daß sich an dieser Stelle eine abwesende Hand im polierten Marmor gebildet habe. Es war ein starkes Bild, muß ich zugeben, er machte wesentlich mehr daraus als ich in Dr. Strabo's *Reiseführer für West- und Nordspanien*. Ich hatte es erwähnt, mehr nicht, doch er machte es hochdramatisch: Wie es möglich sei, daß eine Hand, mit der man den Marmor einer Säule berühre, den winzigsten Teil Marmor mitnehme, mikroskopisch, unsichtbar klein, und wie all diese Hände in all diesen Jahrhunderten durch die unablässig wiederholte Handlung eine Hand skulptiert hätten, die nun gerade *nicht* existiere. Wie lange würde es dauern, wenn man so etwas allein tun müßte? Vielleicht zehntausend Jahre!

Ich wußte, wovon er sprach, denn auch ich war einer der Bildhauer, auch ich hatte meine Hand in dieses Handnegativ gelegt. Das war mehr, als Dom Fermi je getan hatte, denn als er endlich nach dreimonatiger Wanderung von Mailand aus in Santiago angelangt war, hatte er getan, was jeder tat (vorgeschrieben von Dr. Strabo), er war auf den Hügel gestiegen, der dort vor der Stadt liegt, um die Silhouette der Kathedrale in der Ferne zu sehen, er war auf die Knie gefallen und hatte gebetet und dann war er in Ekstase (sagte er verlegen) den Hügel hinabgeeilt und unten, als er die Straße überqueren wollte, um auf der »richtigen Seite« zu gehen, prompt von einem Krankenwagen angefahren worden. So wie er seine Pilgerfahrt vorgemacht hatte, ein alter Mann mit tänzelnden Schritten, so tanzte er sich selbst unter das Gewicht dieses Wagens, mit den Armen fuchtelnd, als wäre ein ganz großer Vogel auf ihn zugeflogen oder ein furchterregender Engel, auch das ist möglich. Professor Deng mußte aufspringen, um ihn zu halten, doch das merkte er schon nicht mehr, er hatte nur noch Augen für dich. Was hattest du ihm vorgezaubert? Keiner von uns wird je wissen, was der andere gesehen hat, wenn er dir seine Geschichte erzählt, doch welches Gesicht du auch zeigst, erkennbar oder gerade nicht, erwartet oder unerwartet, es muß etwas mit Erfüllung zu tun haben. Ich bin neugierig.

Jetzt ist nur noch Deng da, und er ist vor mir an der Reihe. Das Schiff scheint zu schleichen, es will nirgends mehr hin. Ich weiß den nächtlichen Urwald rings um uns, wenn wir an einer Siedlung vorbeikommen, rieche ich den Geruch getrockneter Fische und faulender Früchte. Manchmal höre ich die Stimmen von Kindern über dem Wasser, manchmal kommt ein Kahn mit India-

nern vorbei, dann höre ich noch eine Weile das Schluchzen des Dieselmotors. Coari, Fefé, die Welt hat noch Namen.
Ihr seid schon da, als ich eintrete. Meine Geschichte werde ich dir allein erzählen müssen. Du trägst deine Persephone-Maske (Pater Fermi: »Aber Sie als Kenner der Klassik müssen doch wissen, daß der Tod eine Frau ist«), aber Professor Deng sieht etwas anderes, etwas, das vielleicht mit dem Dichter zusammenhängt, mit dem er sein Leben verbracht hat wie ich das meine mit Ovid, und plötzlich läßt er uns mit seiner Altmännerstimme die Menge hören, die ihn niederschreit, seine eigenen Studenten in den Tagen der Kulturrevolution, auf einem Podest habe er stehen müssen und sei bespuckt und geschlagen worden, weil er die Revolution verraten habe und sich in den dekadenten, feudalistischen Hervorbringungen der ausbeutenden Klasse gesuhlt habe, weil er eine Kaste, die das Volk erniedrigt hätte, verherrlicht habe und sich mit Produkten des Aberglaubens und den belanglosen persönlichen Gefühlen von Menschen aus einer verachtenswerten Epoche beschäftigt habe. Er hatte Glück gehabt, er war lebend davongekommen und an einen entlegenen Ort auf dem Land verbannt worden, wo er weitergelebt habe, bis wieder neue Veränderungen gekommen seien, doch

irgend etwas war gebrochen und angeknackst, wie Qu Yuan fühlte er sich gefangen in einer vergifteten Zeit, in der er nicht leben wollte, und als er gesehen hatte, daß das Rad der Veränderung sich wieder einmal eine Umdrehung weiterdrehte, hatte er der Welt den Rücken zugewandt und war gegangen. Er zitierte seinen Dichter: »Ich war am Morgen geschmäht und am selben Abend noch aus dem Weg geräumt.« Mit nichts als seinem Gedicht im Gepäck hatte er sich aufgemacht, bis er an einen Fluß kam, und so hatte er sein Leben hinter sich gelassen, wie ein Ding am Ufer. Das Wasser war schwer in seine Kleider gedrungen, er war wie ein kleines Boot geschwommen und hatte gewartet, bis der Wind aufkommen und er seine große Reise antreten würde. Um sich hatte er das Wasser mit allerlei Stimmen gehört, ganz hell und leise hatte es geklungen. Sein Arm machte eine Bewegung zu dir hin, es war schon fast nichts mehr von ihm zu sehen, als bestünde er aus hauchdünner, uralter Materie, und du hattest die gleiche Bewegung gemacht und warst bereits aufgestanden.

Im entfernten Spiegel des Salons sah ich mich allein dasitzen und dachte an diesen Mann in Amsterdam, das Foto in der Hand, den Traum, den er träumte, in dem ich an ihn dachte. Ich ging an diesem Mann, der Sokrates glich, vorbei nach draußen, ich sah in die blinden Augen unter den groben Brauen, auf den denkenden Neandertaler-Kopf, der an mich dachte in Amsterdam. Das Schiff hinterließ kaum mehr ein Zeichen, das Wasser war so still und schwarz, daß ich die strahlenden Schlangen und Skorpione, die Götter und Helden sich im Glas spiegeln sah, ich hätte mich auch gern hineingleiten lassen wie Professor Deng, ich hatte die Wollust des Abschieds auf seinem Gesicht gesehen. Von den Ufern ertönte ein tiefes Quarren von Kröten oder Riesenfröschen.

Wie lange ich da stand, weiß ich nicht, die Sonne tauchte noch einmal von Osten her den Urwald in eine schreckliche Glut, noch einmal strich der hastige Schein des Tages über den Fluß, bis das Schwarz sich wieder über alles legte, Vögel und Bäume, und es einhüllte. Unwissend war dieser Mann in Amsterdam schlafen gegangen, nicht wissend, was für eine Reise er machen würde. Jemand würde ihn finden, sobald ich dir meine Geschichte erzählt haben würde, Leute würden kommen, um diesen gedrungenen Körper aufzubahren, in Westerveld einzuäschern, meine unmögliche Familie würde meine Ovid-Übersetzung wegwerfen oder weiß der Himmel ebenfalls verbrennen, Dr. Strabo's Reiseführer würden vielleicht noch zehn Jahre weiter erscheinen, bis sie einen anderen Idioten gefunden hätten, ein ehemaliger Schüler würde die Todesanzeige von Herman Mussert lesen und sagen, he, Sokrates ist tot, und gleichzeitig würde ich mich verwandeln, nicht meine Seele würde auf die Reise gehen, wie der echte Sokrates geglaubt hatte, sondern mein Körper würde aus dem Universum nicht wegzubekommen sein, er würde den phantastischsten Metamorphosen unterliegen und würde mir nichts davon erzählen, weil er mich längst vergessen hätte. Einst hatte der Staub, aus dem er bestand, eine Seele beherbergt, die mir geglichen hatte, jetzt hatte mein Staub andere Pflichten. Und ich? Ich mußte mich umdrehen, die Reling loslassen, alles loslassen, dich anschauen. Du winktest, es war nicht schwer, dir zu folgen. Du hattest mich etwas gelehrt über die Unermeßlichkeit, daß die kleinste Zeiteinheit einen maßlosen Raum an Erinnerung bergen kann, und während ich so klein und zufällig bleiben durfte, wie ich war, hattest du mich gelehrt, wie groß ich war. Du brauchst mir nicht mehr zu winken, ich komme schon. Keiner der anderen wird meine Geschichte hören, keiner von ihnen wird sehen, daß die Frau, die da sitzt und auf mich wartet, das Gesicht meiner allerliebsten Kriton hat, des Mädchens, das meine Schülerin war, so jung, daß man mit ihr über die Unsterblichkeit sprechen konnte. Und dann erzählte ich ihr, dann erzählte ich dir

DIE FOLGENDE GESCHICHTE

Es Consell, Sant Lluis,
2. Oktober 1990

Übersetzung der lateinischen Textstellen

S. 18 *tempore Neronis falsi damnatus*: zur Zeit Neros wegen Betrugs verurteilt

S. 42 *ipsa sibi virtus praemium*: Die Tugend ist sich selbst Belohnung.

S. 72 *Ignis mutat res*: Das Feuer verändert die Materie.

S. 94 *Saturno tenebrosa in Tartara missio*: Saturn, der in den finsteren Tartaros geschickt worden war.

Anmerkungen

S. 17 Anton Adriaan Mussert, geb. 1894, niederländischer Faschistenführer, wurde 1946 wegen Landes-, Hochverrats und Kollaboration zum Tode verurteilt und hingerichtet.

S. 21 Der Schreierstoren in Amsterdam, erbaut 1487, ist die Stelle, an der die Angehörigen Abschied von den Seeleuten nahmen, die oft für Jahre in die Tropen fuhren.

S. 36 Jan Jacob Slauerhoff (1898-1936), Schiffsarzt und bedeutender niederländischer Schriftsteller.

Die Bücher von Cees Nooteboom im Suhrkamp Verlag

Rituale. Roman. 1985 (Sonderausgabe 1993)

In den niederländischen Bergen. Roman. 1987
suhrkamp taschenbuch 2253

Mokusei! Eine Liebesgeschichte. 1990
suhrkamp taschenbuch 2209

Berliner Notizen. 1991
edition suhrkamp 1639

Die folgende Geschichte. 1991

Der Umweg nach Santiago. 1992

Das Paradies ist nebenan. Roman. 1991
suhrkamp taschenbuch 1867. 1992

Gedichte. 1992

Wie wird man Europäer? 1993
edition suhrkamp 1869

Der Buddha hinter dem Bretterzaun. 1993

Bibliothek Suhrkamp

Verzeichnis der letzten Nummern

1041 Alejo Carpentier, Die Hetzjagd
1042 Nicolas Born, Gedichte
1043 Maurice Blanchot, Das Todesurteil
1044 D. H. Lawrence, Der Mann, der Inseln liebte
1045 Jurek Becker, Der Boxer
1046 E. M. Cioran, Das Buch der Täuschungen
1047 Federico García Lorca, Diwan des Tamarit / Diván
1048 Friederike Mayröcker, Das Herzzerreißende der Dinge
1049 Pedro Salinas, Gedichte / Poemas
1050 Jürg Federspiel, Museum des Hasses
1051 Silvina Ocampo, Die Furie
1052 Alexander Blok, Gedichte
1053 Raymond Queneau, Stilübungen
1054 Dolf Sternberger, Figuren der Fabel
1055 Gertrude Stein, Q. E. D.
1056 Mercè Rodoreda, Aloma
1057 Marina Zwetajewa, Phoenix
1058 Thomas Bernhard, In der Höhe, Rettungsversuch, Unsinn
1059 Jorge Ibargüengoitia, Die toten Frauen
1060 Henry de Montherlant, Moustique
1061 Carlo Emilio Gadda, An einen brüderlichen Freund
1062 Karl Kraus, Pro domo et mundo
1063 Sandor Weöres, Der von Ungern
1064 Ernst Penzoldt, Der arme Chatterton
1065 Giorgos Seferis, Alles voller Götter
1066 Horst Krüger, Das zerbrochene Haus
1067 Alain, Die Kunst sich und andere zu erkennen
1068 Rainer Maria Rilke, Bücher Theater Kunst
1069 Claude Ollier, Bildstörung
1070 Jörg Steiner, Schnee bis in die Niederungen
1071 Norbert Elias, Mozart
1072 Louis Aragon, Libertinage
1073 Gabriele d'Annunzio, Der Kamerad mit den wimpernlosen Augen
1075 Max Frisch, Biedermann und die Brandstifter
1076 Willy Kyrklund, Vom Guten
1077 Jannis Ritsos, Gedichte
1079 Max Dauthendey, Lingam
1080 Alexej Remisow, Gang auf Simsen
1082 Octavio Paz, Adler oder Sonne?
1083 René Crevel, Seid ihr verrückt?
1084 Robert Pinget, Passacaglia
1085 Wolfgang Koeppen, Eine unglückliche Liebe
1086 Mario Vargas Llosa, Lob der Stiefmutter
1087 Marguerite Duras, Im Sommer abends um halb elf
1088 Joseph Conrad, Herz der Finsternis

1090 Czesław Miłosz, Gedichte
1091 Karl Kraus, Die letzten Tage der Menschheit
1092 Jean Giono, Der Deserteur
1093 Michel Butor, Die Wörter in der Malerei
1095 Max Frisch, Fragebogen
1096 Carlo Emilio Gadda, La Meccanica
1097 Bohumil Hrabal, Die Katze Autitschko
1098 Hans Mayer, Frisch und Dürrenmatt
1099 Isabel Allende, Eine Rache und andere Geschichten
1100 Wolfgang Hildesheimer, Mitteilungen an Max
1101 Paul Valéry, Über Mallarmé
1102 Marie Nimier, Die Giraffe
1103 Gennadij Ajgi, Beginn der Lichtung
1104 Jorge Ibargüengoitia, Augustblitze
1105 Silvio D'Arzo, Des andern Haus
1106 Werner Koch, Altes Kloster
1107 Gesualdo Bufalino, Der Ingenieur von Babel
1108 Manuel Puig, Der Kuß der Spinnenfrau
1109 Marieluise Fleißer, Das Mädchen Yella
1110 Raymond Queneau, Ein strenger Winter
1111 Gershom Scholem, Judaica 5
1112 Jürgen Becker, Beispielweise am Wannsee
1113 Eduardo Mendoza, Das Geheimnis der verhexten Krypta
1114 Wolfgang Hildesheimer, Paradies der falschen Vögel
1115 Guillaume Apollinaire, Die sitzende Frau
1116 Paul Nizon, Canto
1117 Guido Morselli, Dissipatio humani generis
1118 Karl Kraus, Nachts
1119 Juan Carlos Onetti, Der Tod und das Mädchen
1120 Thomas Bernhard, Alte Meister
1121 Willem Elsschot, Villa des Roses
1122 Juan Goytisolo, Landschaften nach der Schlacht
1123 Sascha Sokolow, Die Schule der Dummen
1124 Bohumil Hrabal, Leben ohne Smoking
1125 Peter Bichsel, Eigentlich möchte Frau Blum den Milchmann kennenlernen
1126 Guido Ceronetti, Teegedanken
1127 Adolf Muschg, Noch ein Wunsch
1128 Forugh Farrochsad, Jene Tage
1129 Julio Cortázar, Unzeiten
1130 Gesualdo Bufalino, Die Lügen der Nacht
1131 Richard Ellmann, Vier Dubliner - Wilde, Yeats, Joyce und Beckett
1132 Gerard Reve, Der vierte Mann
1134 Francis Ponge, Die Seife
1135 Hans-Georg Gadamer, Über die Verborgenheit der Gesundheit
1136 Wolfgang Hildesheimer, Mozart
1137 Max Frisch, Stich-Worte
1139 Bohumil Hrabal, Ich habe den englischen König bedient
1140 Stanisław Lem, Eine Minute der Menschheit
1141 Cees Nooteboom, Die folgende Geschichte

Bibliothek Suhrkamp

Alphabetisches Verzeichnis